큰 그림과 큰 글씨로 눈이 편하게!

쓱싹 시리즈 ⑳

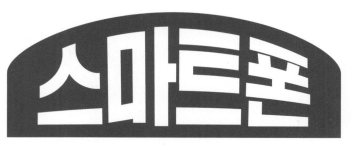

쓱 하고 싹 배우는

스마트폰

3nd Edition

★ 저자 김재연 ★

3nd Edition

B-1001, Gab-eul Great Valley, 32, Digital-ro 9-gil, Geumcheon-gu, Seoul, Republic of Korea.
All rights reserved. First published by Youngjin.com. in 2025. Printed in Korea

ISBN : 978-89-314-7857-0

독자님의 의견을 받습니다.

이 책을 구입한 독자님은 영진닷컴의 가장 중요한 비평가이자 조언가입니다. 저희 책의 장점과 문제점이 무엇인지, 어떤 책이 출판되기를 바라는지, 책을 더욱 알차게 꾸밀 수 있는 아이디어가 있으면 팩스나 이메일, 또는 우편으로 연락주시기 바랍니다. 의견을 주실 때에는 책 제목 및 독자님의 성함과 연락처(전화번호나 이메일)를 꼭 남겨 주시기 바랍니다. 독자님의 의견에 대해 바로 답변을 드리고, 또 독자님의 의견을 다음 책에 충분히 반영하도록 늘 노력하겠습니다.

이메일 : support@youngjin.com

주　소 : (우)08512 서울특별시 금천구 디지털로9길 32 갑을그레이트밸리 B동 10F

등　록 : 2007. 4. 27. 제16-4189호

파본이나 잘못된 도서는 구입하신 곳에서 교환해 드립니다.

STAFF

저자 김재연 | **총괄** 김태경 | **진행** 김연희 | **디자인·편집** 김소연 | **영업** 박준용, 임용수, 김도현, 이윤철

마케팅 이승희, 김근주, 조민영, 김민지, 김진희, 이현아 | **제작** 황장협 | **인쇄** 제이엠

이 책은요!

현대 사회의 필수품인 스마트폰! 스마트폰의 기본 기능을 배우고
다양한 앱을 설치하여 일상생활에서 편리하게 사용해 보아요!

❶ POINT

챕터에서 배우게 될 내용을 간략하게 소개해요.

❷ 완성 화면 미리 보기

챕터에서 배우게 되는 예제의 완성된 모습을 미리
만나요.

❸ 여기서 배워요!

어떤 내용을 배울지 간략하게 살펴봐요. 배울 내용을
미리 알아 두면 훨씬 쉽고 재미있게 배울 수 있어요.

❹ STEP

예제를 하나하나 따라 하면서 본격적으로 기능을
익혀 봐요.

❺ 조금 더 배우기

본문에서 설명하지 않은 내용 중 중요하거나
알아 두면 좋을 내용들을 알 수 있어요.

❻ 혼자서도 만들 수 있어요!

챕터에서 배운 내용을 연습하면서 한 번 더 기능을
숙지해 봐요.

❼ HINT

문제를 풀 때 참고할 내용을 담았어요.

이 책의 목차

쓱 하고 싹 배우는
스마트폰
3nd Edition

스마트폰이란?

POINT

현대 사회의 중요한 도구 중의 하나가 된 스마트폰! 스마트폰의 개념과 용도에 대해 알아봅니다.

▌완성 화면 미리 보기

▌여기서 배워요!

스마트폰 개요 및 활용 용도

스마트폰이란?

01 스마트폰 개요

스마트폰은 소프트웨어의 호환성이 높고 전화가 가능한 휴대전화와 컴퓨팅 기능을 하나로 통합한 모바일 장치입니다. 휴대전화에 여러 컴퓨터 지원 기능을 추가한 지능형 단말기이며, 사용자가 원하는 응용 프로그램을 설치할 수 있는 것이 특징입니다(※출처: 위키백과/표준국어대사전).

컴퓨터   전화   스마트폰

02 스마트폰 활용 용도

웹서핑(Web-Surfing)
업무(Work)
쇼핑(Shopping)
친구(Friends)
자료 보관(Cloud)
지도(Map)

❶ 전화 통화, 화상 대화, 화상 회의

❷ 웹 서핑 및 뉴스 보기, TV 방송 보기, 라디오 듣기, 음악 듣기, 영화 보기

❸ 사진 촬영, 영상 촬영, 영상 편집, 앨범 보기

❹ 게임, 메신저 채팅, SNS

❺ 운전 내비게이션, 대중교통 길 찾기

❻ 음식 배달 주문, 결제

❼ 열차, 비행기, 호텔, 전시회, 영화관, 병원 진료 예약 등 각종 예약 서비스

❽ 원격 데스크톱 액세스, 컴퓨터 같이 보며 여러 사람과 협업

❾ 간편 결제 서비스를 통한 온, 오프라인상의 요금 납부, 지불

❿ 전반적인 금융 업무, 은행 계좌 열람, 계좌 이체

⓫ 데스크톱과 휴대폰으로 같은 문서를 열람하고 편집하기

⓬ 영화 예매, 온라인 쇼핑

⓭ 실외에서 집이나 사무실 방범 감시

⓮ 시계, 일기예보, 손전등, 달력 등

03 스마트폰 운영체제

❶ 안드로이드 : 구글에서 제작, 삼성 폰 이용

❷ iOS : 애플사가 제작, 아이폰과 아이패드에 이용

04 스마트폰과 같이 사용할 수 있는 기기

스마트 워치   삼성(버즈)/아이폰(에어팟)

블루투스 헤드셋   블루투스 스피커

CHAPTER 02
스마트폰 기본 사용법 살펴보기

POINT

스마트폰의 기본 기능과 용어, 조작 방법에 대해 알아보도록 하겠습니다.

▌완성 화면 미리 보기

▌여기서 배워요!

스마트폰 화면 구성 및 기본 조작법, 전원 끄기

01 스마트폰 화면 보기

❶ **상태표시줄** : [홈] 화면 상단에 위치하여 시간, 수신감도, 벨소리 상태 등을 확인할 수 있으며 아래로 드래그하면 앱들의 알림이 표시되는 부분입니다.

❷ **위젯** : 날씨, 구글 검색 바, 일정 등 바로 사용할 수 있도록 만들어져 있는 도구입니다. 스마트폰에 설치된 앱들에 따라 사용할 수 있는 위젯 종류의 차이가 있습니다.

❸ **앱(바로가기 앱)** : 앱이란 스마트폰에서 사용하는 프로그램을 일컫는 말입니다. 홈 화면의 앱은 편하게 사용할 수 있도록 배치해 놓은 바로가기 앱이며, 폴더는 앱들을 정리해 놓은 곳입니다.

❹ **현재 페이지** : 현재 사용하고 있는 화면을 표시해 줍니다.

❺ **고정 앱** : 페이지가 변해도 움직이지 않는 앱들입니다. 스마트폰에서 자주 쓰는 앱을 등록해 두고 사용하는 곳입니다.

❻ **검색** : 설치되어 있는 앱을 검색합니다. [더보기](⋮)를 눌러 앱 정렬 방식을 변경할 수 있습니다.

❼ **최근 실행 앱** : 최근 사용한 앱들이 나타납니다. 터치하면 빠르게 다시 실행할 수 있습니다.

❽ **홈** : 스마트폰의 [홈] 화면이 나옵니다.

❾ **뒤로(취소)** : 터치하면 이전 화면으로 이동하거나 작업을 취소합니다.

02 스마트폰 화면 구성 살펴보기

❶ 잠금 화면

전원을 켜거나 대기 모드에서 [전원] 또는 [홈] 버튼을 누르면 나타나는 화면입니다. 주로 패턴, 지문, 얼굴 인식 등을 설정하여 사용합니다.

조금 더 배우기

잠금화면이 나타나지 않는다면 [설정]–[잠금화면]–[화면 잠금 방식]에서 설정합니다.

❷ 홈 화면

잠금 화면을 드래그하거나 패턴, 지문 등을 입력하면 나타나는 화면이며, 앱 실행 중 [홈] 버튼을 누르면 나타나는 기본 화면입니다.

❸ 앱스 화면

화면을 아래에서 위로 드래그하면 나타나는 화면입니다. 스마트폰에 설치되어 있는 모든 앱을 확인할 수 있습니다.

📎 **조금 더 배우기**

앱스 화면이 나타나지 않는다면 [설정]-[홈 화면]-[홈 화면 구성]에서 설정할 수 있습니다.

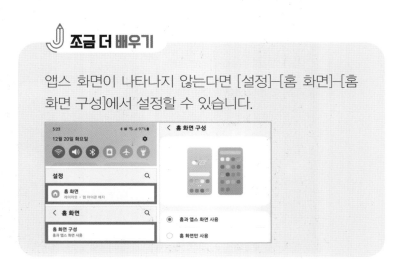

STEP 02   **스마트폰 조작 방법 알아보기**

01 터치

손가락으로 화면을 가볍게 한 번 누릅니다. 앱을 실행하거나 메뉴를 선택합니다.

02 롱 터치(꾹 누르기)

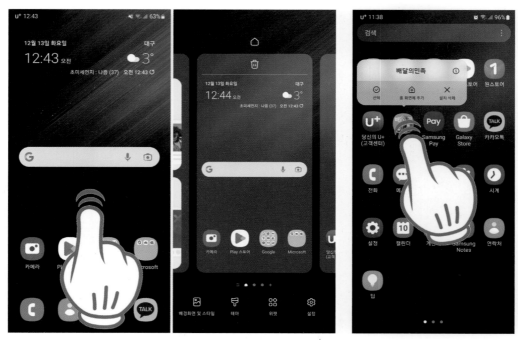

손가락으로 화면을 1초 이상 누릅니다. 앱 또는 위젯에 대한 메뉴가 나타납니다.

03 드래그

손가락으로 화면을 위와 아래, 왼쪽, 오른쪽으로 가볍게 움직입니다. [홈] 화면에서 [앱스] 화면으로, 다른 페이지로 이동할 때 사용합니다.

04 드래그 앤 드롭(끌어다 놓기)

스마트폰 화면을 롱 터치(꾹 누르기)한 상태에서 움직입니다. 앱을 이동할 때 사용합니다.

05 핀치투줌(오므리기/펴기)

두 개의 손가락으로 화면을 오므리거나 펴기를 하면 사진, 글자, 화면 등의 크기가 확대, 축소됩니다.

01 [홈] 화면에서 상태표시줄을 아래로 드래그합니다. [설정](⚙)이 나타나는 상태표시줄을 한 번 더 아래로 드래그합니다. [전원](⏻) 버튼을 터치합니다.

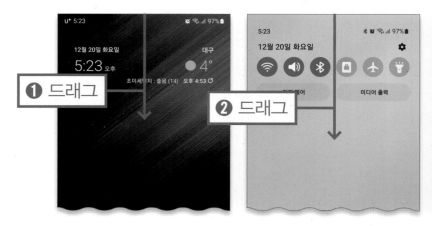

✎ 조금 더 배우기

스마트폰을 원활하게 사용하고자 한다면 가끔 전원을 껐다 켜주는 게 좋습니다.

02 [전원 끄기]를 터치합니다. 스마트폰 오른쪽 아래 버튼을 꾹 눌러 전원을 다시 켭니다.

✎ 조금 더 배우기

예전처럼 [전원] 버튼을 사용하고자 한다면
① [측면 버튼 설정]–[길게 누르기]–[전원 끄기] 메뉴를 선택합니다.
② [설정]–[유용한 기능]–[측면 버튼 설정]–[길게 누르기]–[전원 끄기] 메뉴를 선택합니다.

스마트폰 화면 설정하기

스마트폰의 기본 화면을 그대로 사용하여도 되지만, 사용자 편의에 맞도록 변경할 수 있습니다. 화면 설정 방법을 배워봅니다.

▌완성 화면 미리 보기

▌여기서 배워요!

화면 밝기 조절, 자동 꺼짐 시간 조절, 앱 크기와 글자 크기, Always on Display 사용하기

01 홈 화면의 상태표시줄을 아래로 드래그하여 [설정](⚙)을 터치합니다.

✋ **조금 더 배우기**

[앱스] 화면에서 [설정](⚙)을 터치해도 됩니다.

02 [디스플레이]를 터치한 후 '밝기'의 조절점을 드래그하여 조절합니다.

✋ **조금 더 배우기**

상태표시줄을 아래로 드래그한 후 한 번 더 드래그합니다. 맨 아래의 밝기 조절 막대를 드래그하여 조절할 수 있습니다.

화면 자동 꺼짐 시간 조절하기

01 [설정](⚙)의 [디스플레이]를 터치합니다. [화면 자동 꺼짐 시간]을 터치하여 사용하고자 하는 시간을 터치합니다.

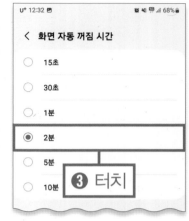

🖋 조금 더 배우기

화면 자동 꺼짐은 사용자가 스마트폰을 일정 시간 동안 사용하지 않을 시 화면이 꺼지도록 설정되어 있습니다. 일반 사용자라면 1~2분, 유튜브를 많이 시청한다면 5~10분으로 설정하면 편리합니다.

글자 크기와 앱 크기 조절하기

01 [설정](⚙)의 [디스플레이]를 터치합니다. [글자 크기와 스타일]을 터치하여 글자 크기를 조절합니다.

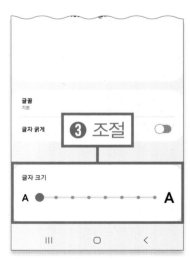

 **조금 더 배우기**

- 글자를 더 선명하게 보고 싶다면 '글자 굵게'를 [On] 합니다.
- '글자 크기와 스타일'과 '화면 크게/작게' 비교입니다. 글자 크기는 글자만 크게 확대하는 것이고, 화면 크게/작게는 화면의 비율로 조절이 됩니다.

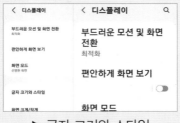

▶ 글자 크기와 스타일　　　　▶ 화면 크게/작게

02 [설정]([⚙])의 [홈 화면]을 터치합니다. [홈 화면 배열]을 터치한 후 화면 아래에서 원하는 배열을 터치한 다음 [완료]합니다.

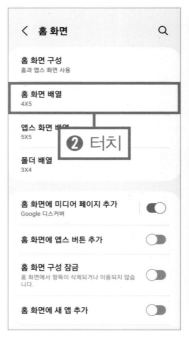

 **조금 더 배우기**

홈 화면 배열 비율에 따른 앱 크기
비교입니다.

Always on Display 사용하기

01 [설정]([⚙])의 [잠금화면]을 터치합니다. [Always on Display]의 ([⬤])를 터치해 [On] 합니다. [Always on Display]를 터치합니다.

02 [항상 켜기]를 선택합니다. 측면의 [전원] 버튼을 눌러봅니다.

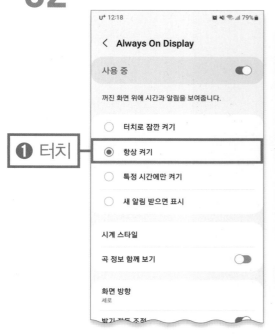

🪝 **조금 더 배우기**

'Always on Display'는 화면을 껐을 때도 화면에 날짜, 시간, 배터리 잔량, 알림 등이 계속 표시되는 기능입니다.

스마트폰 홈 화면 구성하기

> **POINT**
> ─────────────────────────────────

스마트폰 하나면 다 해결되는 세상! 오늘 날씨는 어떤지, 미세먼지는 어떤지, 약속이 몇 신지 등 다양한 정보와 자신의 일정을 쉽게 확인할 수 있도록 사용법을 배워봅니다.

▍완성 화면 미리 보기

▍여기서 배워요!

위젯 설정하기, 바로가기 앱 만들기, 폴더로 정리하기

STEP 01 날씨 위젯 설정하기

01 [홈] 화면 빈 곳을 롱 터치(꾹 누르기)합니다. 화면 아래 [위젯]을 터치합니다. [날씨] 위젯을 터치합니다.

02 '날씨' 위젯 중 하나를 터치한 후 [추가]를 터치합니다. [검색]을 터치합니다.

🖐 조금 더 배우기

'현재 위치 정보 사용' 메시지가 나타난다면 [나중에]를 터치합니다. [현재 위치 추가]를 선택하면 읍·면·동 단위까지 정확하게 나타나 편리합니다.

03 자신의 지역을 입력한 후 검색된 지역을 터치합니다. [홈] 화면에 나타난 날씨 위젯을 터치하여 자세한 날씨 정보를 확인합니다.

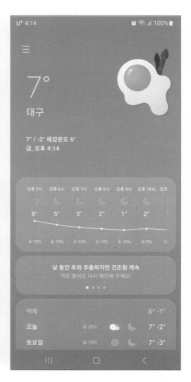

✏️ 조금 더 배우기

스마트폰 구매(개통) 초기 화면이라면 [날씨정보를 추가하려면 누르세요]를 터치하여 '현재 위치 추가'로 바로 설정할 수 있습니다.

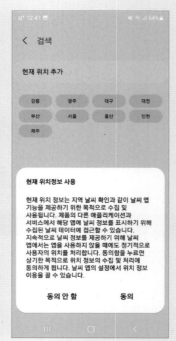

04 다른 지역을 추가하기 위해 [날씨] 위젯을 터치합니다. [메뉴](☰)를 터치한 후 [지역 관리]를 터치합니다.

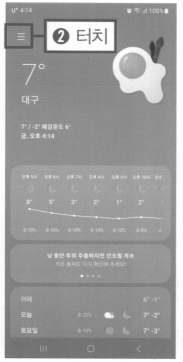

05 '지역 관리'에서 [검색](🔍)을 터치한 후 검색란에 지역을 입력합니다. 검색된 지역을 터치한 후 [추가]를 터치합니다. 추가된 지역의 날씨를 확인합니다.

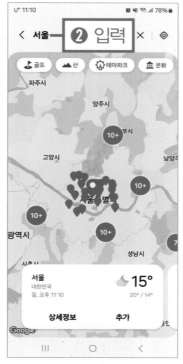

자주 사용하는 앱 홈 화면으로 가지고 오기

01 [홈] 화면 아래에서 위로 드래그합니다. '앱스' 화면에서 '홈' 화면으로 가져갈 [카메라] 앱을 롱 터치(꾹 누르기)합니다. [홈 화면에 추가]를 터치합니다.

조금 더 배우기

앱의 배치는 스마트폰마다 차이가 있으므로 페이지를 이동하여 찾습니다.

02 다시 '앱스' 화면에서 [갤러리] 앱을 롱 터치(꾹 누르기)합니다. [홈 화면에 추가]를 터치합니다. '홈' 화면에 나타난 앱들을 확인합니다.

앱들 폴더로 정리하기

01 폴더로 정리하려는 [갤러리] 앱을 롱 터치(꾹 누르기)한 후 '카메라' 앱 위로 드래그 앤 드롭(끌어다 놓기)합니다.

❶ 롱 터치

❷ 드래그 앤 드롭

✏️ **조금 더 배우기**

앱이 겹쳐지지 않고 이동이 된다면 앱의 대각선 방향으로 드래그 앤 드롭합니다.

---

02 폴더 이름을 '앱정리하기'로 입력하고 색상을 터치하여 폴더 색상을 변경합니다.

❶ 입력

❷ 터치

❸ 선택

글자 입력을 위한 자판배열은 [설정]에서 사용자의 편의에 따라 변경합니다.

혼자서도 만들 수 있어요!

1   [홈] 화면에 '계산기' 앱과 '시계' 앱을 추가해 보세요.

hint   [앱스] 화면-[계산기], [시계] 앱 각각 롱 터치-[홈 화면에 추가] 터치

2   '계산기' 앱과 '시계' 앱을 '도구함'이라는 폴더로 만들어 보세요.

hint   [계산기] 앱을 드래그하여 [시계] 앱과 겹치기-폴더 이름 변경하기

연락처 사용하기

> **POINT**
>
> 스마트폰에 가족, 친구, 지인들의 전화번호 외 기타 사항들을 연락처에 추가하고 편집하는 방법을 배워봅니다.

▌ 완성 화면 미리 보기

▌ 여기서 배워요!

연락처 추가 및 편집하기, 삭제하기

연락처 추가하기

01 [홈] 화면에서 [연락처] 앱을 터치한 후 [추가](➕)를 터치합니다. 입력 화면이 나타납니다.

📖 **조금 더 배우기**

[연락처] 앱이 보이지 않는다면 화면 아래에서 위쪽으로 드래그하여 [앱스] 화면에서 둘러봅니다.

02 '이름', '전화번호'란을 각각 터치하여 입력합니다. [항목 더보기]를 터치하여 '주소'란에 주소를 입력한 다음 [저장]을 터치합니다.

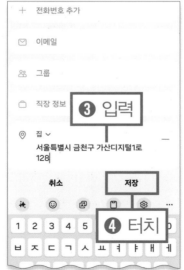

📖 **조금 더 배우기**

[주소]란을 터치하면 기본값으로 '집'이 나타납니다. '직장', '기타', '직접 항목' 중 선택하여 변경합니다.

01 [홈] 화면에서 [전화] 앱을 터치합니다. 최근 기록 중 추가하고자 하는 전화번호를 터치합니다. [연락처에 추가]를 터치합니다.

02 [새 연락처 등록]을 터치한 후 '이름'을 입력하고 [저장]을 터치합니다. 최근 기록에 변경된 내용을 확인합니다.

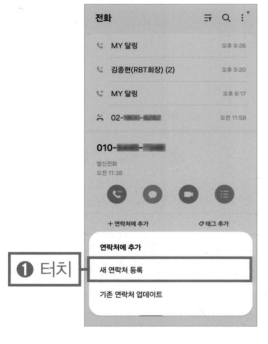

🖋 조금 더 배우기

'기존 연락처 업데이트'는 등록되어 있는 연락처에 추가합니다.

연락처 편집하기

01 등록된 연락처를 편집하기 위해 [연락처] 앱을 터치합니다. 편집할 연락처를
터치한 다음 화면 아래 [편집]을 터치합니다.

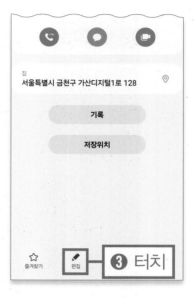

🎣 **조금 더 배우기**

[검색]([Q])에 연락처를 입력하면 빠르게 찾을 수 있습니다.

02 [항목 더보기]를 터치한 후 '관계', '메모', '웹사이트' 등에 필요한 내용을 각각
입력한 후에 [저장]을 터치합니다.

연락처 삭제하기

01 추가된 연락처를 삭제하기 위해 [연락처] 앱을 터치합니다. 삭제하고자 하는 연락처를 롱 터치한 다음 [삭제]를 터치합니다.

🖊 **조금 더 배우기**

왼쪽 위의 [전체]를 터치하면 모든 연락처가 선택되어 삭제될 수 있으니 주의합니다.

02 [휴지통으로 이동]을 터치합니다. 연락처가 삭제되었습니다.

조금 더 배우기

잘못 삭제한 연락처를 복원하고 싶다면!

[연락처]–[메뉴](☰)를 터치합니다. [휴지통]을 터치하여 복원하고자 하는 연락처를 터치합니다. [복원]을 터치합니다.

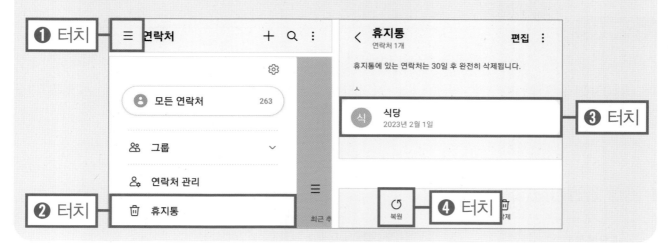

조금 더 배우기

연락처를 다른 친구에게 전해주고 싶다면!

연락처 아래에 있는 [공유]를 터치합니다. 공유하고자 하는 앱을 터치합니다.

문자 보내기

POINT ————————————————————————————

스마트폰의 기본 기능인 전화와 문자 보내기! 전화번호를 직접 입력하거나 최근 기록, 연락처를 이용하여 문자를 보낼 수 있습니다. 여기서는 등록한 연락처를 이용하여 문자 보내기를 배워봅니다.

▌ 완성 화면 미리 보기

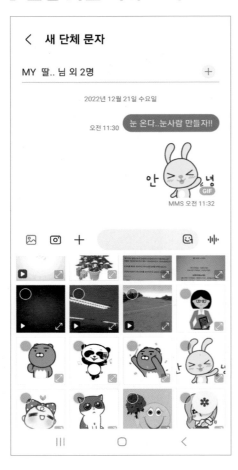

▌ 여기서 배워요!

1:1, 단체 문자(사진, 음성 메시지 첨부) 보내기, 문자 삭제하기

1:1 문자 보내기

01 [홈] 화면에서 [메시지] 앱을 터치한 후 [채팅](⨀)을 터치합니다. [1:1 대화]를 터치합니다.

 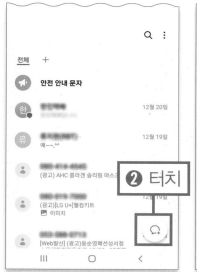 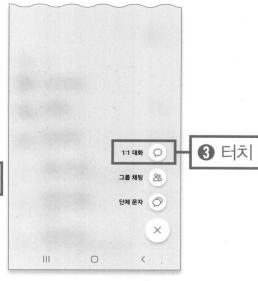

02 문자를 보내고자 하는 전화번호나 이름을 입력합니다. 검색된 연락처를 터치한 후 메시지 입력란을 터치하여 내용을 입력한 다음 [보내기](⟁)를 터치합니다. 발송된 메시지를 확인합니다.

단체 문자 보내기

01 [홈] 화면에서 [메시지] 앱을 터치한 후 [채팅]( )을 터치합니다. [단체 문자]
를 터치합니다.

02 '새 단체 문자'에서 연락처를 검색하기 위해 [추가](+)를 터치합니다. 문자를
주고받을 연락처를 각각 터치한 후 [완료]를 터치합니다. 메시지 입력란을 터
치하여 내용을 입력한 다음 [보내기]( )를 터치합니다.

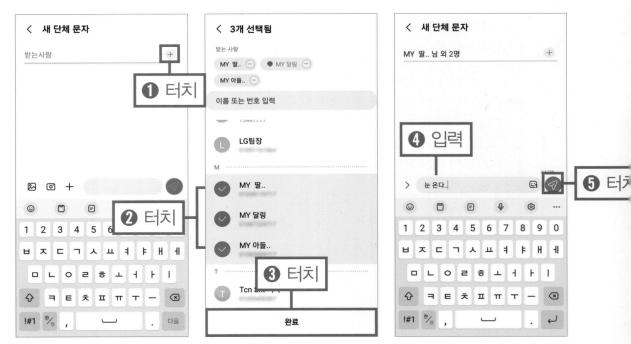

조금 더 배우기

'받는 사람'을 터치한 다음 전화번호를 입력하여 [추가](+)해도 됩니다.

03 사진을 전송하기 위해 [갤러리](📷)를 터치합니다. 전송하고자 하는 사진을 터치한 다음 [보내기](📤)를 터치합니다.

🎵 **조금 더 배우기**

여러 장의 사진을 선택할 수 있으며 사진 아래 [앨범](✳)을 터치하면 앨범으로 검색할 수 있습니다. 단체 문자로는 발신만 가능하며 특정 메시지에 대한 답장은 1:1 대화방에서 확인할 수 있습니다.

STEP 03 음성 메시지 보내기

01 [홈] 화면에서 [메시지] 앱을 터치한 후 '채팅' 화면에서 대화할 상대를 터치합니다. 음성 메시지를 보내기 위해 [오디오 메시지](🎙)를 롱 터치합니다.

🎵 **조금 더 배우기**

[채팅](🔲)을 터치한 후 '1:1 대화'에서 연락처를 검색하여도 됩니다.

02 음성으로 메시지를 남긴 후 [오디오 메시지]()에서 손가락을 뗍니다. [보내기]()를 터치한 후 음성 메시지가 전송된 것을 확인합니다.

📎 **조금 더 배우기**

잘못 녹음되었다면 [취소]([X])를 누른 후 다시 녹음합니다.

STEP 04 **문자 목록 삭제하기**

01 [채팅] 화면에서 삭제하고자 하는 대화를 롱 터치합니다. 선택된 것을 확인한 후 [삭제]를 터치합니다. [휴지통으로 이동]을 터치합니다.

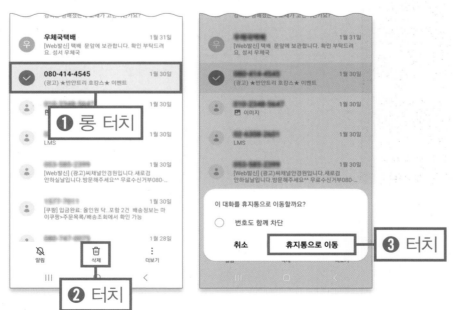

조금 더 배우기

- [더보기](**⋮**)의 [삭제] 메뉴로도 삭제가 가능합니다.
- 대화 내용의 일부만 삭제도 가능하며 다양한 반응들을 남길 수 있습니다.

무료 인터넷 와이파이 설정하기

와이파이(Wi-Fi)는 일정 거리 안에서 무료로 이용할 수 있는 인터넷 서비스입니다. 와이파이와 모바일 데이터의 차이를 알아보고 와이파이를 설정하는 방법을 배워봅니다.

▌ 완성 화면 미리 보기

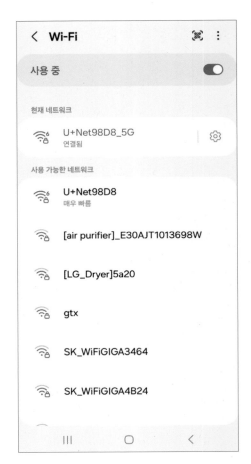

▌ 여기서 배워요!

와이파이 개요, 모바일 데이터와 비교, 와이파이 설정하기

01 와이파이 개요

일정 거리 안에서 무료로 이용할 수 있는 인터넷 서비스입니다. 가정에서 무선 공유기를 연결하여 사용하는 형태가 많지만, 공공장소에서도 각 통신사에서 제공하는 무료 와이파이(Wi-Fi)를 이용할 수 있도록 제공하고 있습니다.

※사진 출처 : freepic

02 와이파이와 모바일 데이터의 비교

와이파이(Wi-Fi)	모바일 데이터
📶 📶🔒	LTE ↑↓ 5G ↑↓
• 무료	• 유료
• 무선 공유기 이용	• 통신사에서 제공
• 와이파이 Zone을 벗어나면 사용 불가	• 와이파이 연결이 끊어지면 전환 • 요금제에 따라 데이터 사용량의 차이 • 데이터 초과 시 추가 요금 발생

🔖 조금 더 배우기

와이파이 상태 알아보기

U⁺ 3:07 📶   ⏰ 📶 5G ▫️ᵢₗₗ 99%🔋

- 📶 : 와이파이를 찾을 수 없다는 표시
- 📶 : 와이파이 연결에 오류가 난 표시

주변에 와이파이가 있다면 와이파이 설정이 우선이며, 와이파이 연결이 되지 않으면 모바일 데이터로 전환됩니다.

와이파이 설정하기

01 상태표시줄을 아래로 드래그한 후 [와이파이]( )를 롱 터치(꾹 누르기)합니다. 주위에 사용할 수 있는 와이파이를 검색해 줍니다. 사용하고자 하는 와이파이를 터치합니다.

⚓ **조금 더 배우기**

와이파이가 꺼져 있는 상태( )라면 (사용 안 함)을 (사용 중)으로 변경합니다.

02 연결하려는 와이파이에 비밀번호 표시( )가 있다면 비밀번호를 입력한 후 [연결]을 터치합니다. 와이파이 이름 하단에 '연결됨' 문구가 나타납니다.

조금 더 배우기

스마트폰 [설정](⚙)에서도 와이파이 설정이 가능합니다.

조금 더 배우기

상태표시줄을 펼치면 사용하고 있는 와이파이의 상태를 확인할 수 있습니다.

　　　　　　　　　　　　✳ 🕐 📶↑ .ıll 93% 🔋

　　　　　　　　　　　▶ 와이파이 사용 중

　　　　　　　　　　　　✳ 🕐 LTE .ıll 97% 🔋

　　　　　　　　　　　▶ 모바일 데이터 LTE 사용 중

　　　　　　　　　　　　✳ 🕐 5G .ıll 74% 🔋

　　　　　　　　　　　▶ 모바일 데이터 5G 사용 중

CHAPTER 08

Play 스토어 사용하기

POINT

일상생활을 하다 필요한 물건을 마트에 가서 구매하듯 스마트폰에서 필요한 앱을 설치할 수 있는 곳이 Play 스토어입니다. 앱이란 스마트폰에서 사용할 수 있는 응용 프로그램을 말합니다. Play 스토어 앱을 통해 앱 설치와 삭제 방법을 배워봅니다.

▌완성 화면 미리 보기

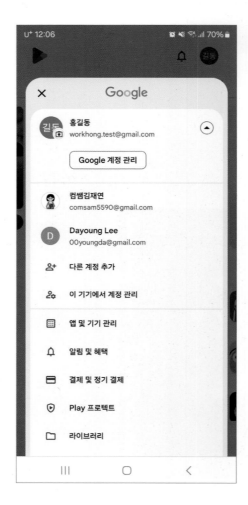

▌여기서 배워요!

Play 스토어란?, 앱 설치 및 삭제하기, 구글 계정 추가하기

STEP 01 Play 스토어란?

01 스토어란?

모바일 애플리케이션(앱)을 자유롭게 사고팔 수 있는 온라인상의 콘텐츠 장터를 의미합니다.

스마트폰에서는 '마켓'이라 불리는 상점에서 해당 스마트폰 운영체제제용 소프트웨어를 내려받거나 구입할 수 있습니다. 앱스토어, Play 스토어, 원스토어 등이 있습니다.

02 Play 스토어 개념

구글 플레이(Google Play)는 음악, 동영상, 책, 안드로이드 응용 프로그램, 게임을 포함한 온라인 스토어와 클라우드 미디어 플레이어를 아우르는 구글의 디지털 콘텐츠 서비스를 뜻합니다.

STEP 02 Play 스토어로 앱 설치하기

01 스마트폰 '홈' 화면에서 [Play 스토어] 앱을 터치합니다. 화면 아래 [게임]을 터치한 후 [인기 차트] 탭을 터치하여 앱들을 살펴봅니다. 이번에는 [도서]의 [최다 판매] 탭을 터치하여 'eBook' 목록들을 살펴봅니다.

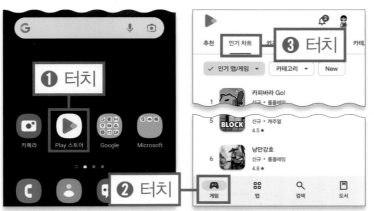

🎵 조금 더 배우기

스마트폰 '홈' 화면에서 [Play 스토어] 앱이 보이지 않는다면 '앱스' 화면에서 찾습니다.

02 'Play 스토어' 화면 아래 [앱]을 터치한 다음 [인기 차트] 탭을 터치합니다. 인기 차트 목록의 앱들을 살펴본 후 설치할 앱을 터치한 다음 [설치]를 터치합니다. 여기서는 [금일 뉴스] 앱을 설치했습니다. 설치가 완료되면 [열기]를 터치합니다.

03 '알림을 허용하시겠습니까?' 메시지에 [허용]을 터치합니다. '지역 및 언어 선택'에서 [한국어]가 선택돼 있는 것을 확인하고 [확인]을 터치합니다. 지난 뉴스와 오늘의 뉴스를 확인합니다.

Play 스토어에서 앱 삭제하기

01 스마트폰 '홈' 화면의 [Play 스토어] 앱을 터치하여 실행합니다. 검색란에 삭제하려는 앱 이름을 입력하여 검색한 다음 앱 이름을 터치합니다. [제거]를 터치합니다. '이 앱을 제거하시겠습니까?' 메시지가 나타나면 [제거]를 터치합니다.

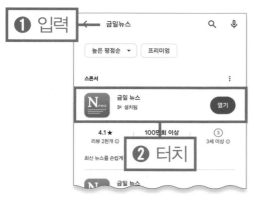

🖋 조금 더 배우기

[설정]–[애플리케이션]에서 설치한 앱을 삭제할 수도 있습니다.

구글 계정 추가하기

01 스마트폰 '홈' 화면의 [Play 스토어] 앱을 터치합니다. 오른쪽 위 [프로필](👤)을 터치한 다음 [펼치기](⌄)를 터치합니다. [다른 계정 추가]를 터치합니다. 왼쪽 아래 [계정 만들기]의 [개인용]을 터치합니다.

🖋 조금 더 배우기

Play 스토어는 인터넷(와이파이, 모바일 데이터) 연결과 구글 계정으로 로그인이 되어 있어야 사용할 수 있습니다.

02 'Google 계정 만들기' 화면에서 '이름'을 입력한 후 [다음]을 터치합니다. '기본 정보' 화면에서 [생년월일]과 [성별]을 설정한 후 [다음]을 터치합니다. '로그인 방법' 화면에서 사용자 정보 '아이디'를 입력하고 [다음]을 터치합니다.

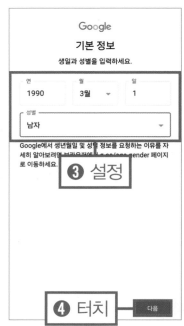
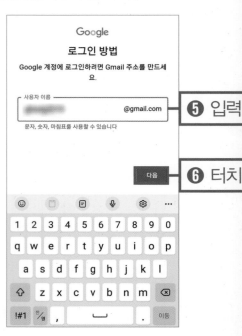

🦥 조금 더 배우기

계정이란 이메일을 뜻합니다. '아이디@gmail.com' 형식입니다.

03 '안전한 비밀번호 만들기' 화면에서 '비밀번호'를 입력한 후 [다음]을 터치합니다. '전화번호를 추가하시겠습니까?' 화면에서는 [건너뛰기]를 터치합니다.

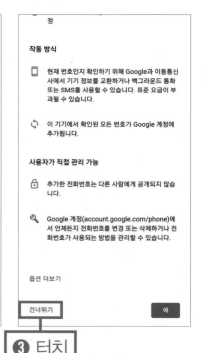

04 '계정 정보 검토' 화면에서 [다음]을 터치한 후 '개인정보 보호 및 약관'의 동의에 체크를 한 다음 [계정 만들기]를 터치합니다.

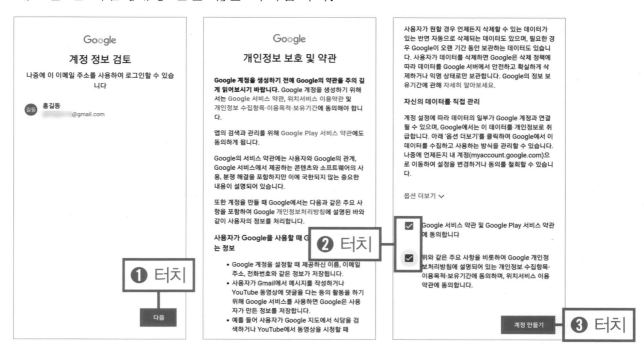

05 [Play 스토어] 앱 화면 오른쪽 [프로필]을 터치합니다. 프로필의 [펼치기](⌄)를 터치하여 추가된 계정을 확인합니다.

⤵ **조금 더 배우기**

[이 기기에서 계정 관리]를 터치하면 사용하고 있는 여러 계정을 확인 및 삭제할 수 있습니다.

스마트폰 기본(카메라, 녹음) 앱 활용하기

스마트폰에는 기본으로 많은 앱이 설치되어 있습니다. 그중에 디지털 카메라를 대신하는 카메라 앱과 음성 녹음 앱을 배워봅니다.

▌완성 화면 미리 보기

▌여기서 배워요!

카메라 앱 살펴보기, 사진 · 동영상 · 이모지 촬영하기, 텍스트 추출하기, 음성을 텍스트로 녹음하기

스마트폰 카메라 앱 살펴보기

01 카메라 앱 실행하는 방법

❶ 스마트폰 [전원] 버튼을 두 번 누릅니다.

❷ 스마트폰 '잠금' 화면의 [카메라] 앱을 터치합니다.

❸ 스마트폰 '홈' 또는 '앱스' 화면에서 [카메라] 앱을 터치합니다.

02 카메라 앱 메뉴 살펴보기

❶ 설정 : 사진(동영상) 촬영에 도움이 되는 기능들을 설정할 수 있습니다. '동영상 손떨림 방지'와 '수평/수직 안내선'은 [ON](⬤)으로 사용합니다.

❷ 플래시 : 실내 또는 어두운 곳에서 사진(동영상) 촬영 시 플래시를 사용할 수 있습니다. (⚡ ⚡ ⚡)

❸ 타이머 : 시간 지정 후 카메라 촬영을 합니다. (⊙ ⊙ ⊙ ⊙)

❹ 비율 : 사진(동영상) 비율을 선택합니다.
  예시) 사진 (3:4 3:4 9:16 1:1 Full), 동영상 (9:16 1:1 Full)

❺ 화소 : 해상도 즉, 사진의 선명도를 뜻합니다. 화소가 높아지면 이미지의 용량이 커집니다. 기본 화소는 12M으로 되어 있습니다(12M, 50M, 108M(폰 성능에 따라 차이가 있습니다)).

❻ 모션 : 2~3초 사진에 미세한 움직임을 더합니다.

❼ 보정 : 사진 촬영 전 필터와 인물에 맞는 효과를 적용합니다.

❽ 슈퍼스테디 : 화면 흔들림을 완화시켜 줍니다.

❾ 동영상 크기 : 동영상 촬영 시 영상의 선명도를 선택합니다. 동영상의 파일 크기도 달라집니다. ( )

03 스마트폰 사진 촬영하기

❶ 촬영하기 좋은 자세를 유지합니다.

❷ 화면의 수직, 수평을 맞춥니다.

❸ 3등분으로 나누어져 있는 안내선의 구도를 생각하며 촬영합니다.

❹ 줌 기능 확대, 축소를 자제합니다.

04 스마트폰 동영상 촬영하기

❶ 카메라를 들고 촬영 시 걸음걸이에 신경 씁니다.

❷ 갑작스러운 움직임과 줌으로 확대, 축소를 자제합니다.

❸ 동영상은 짧게 여러 번 촬영하여 편집합니다.

조금 더 배우기

사진(동영상) 화면 비율 구도입니다.

| ▶ 3:4(사진만) | ▶ 9:16 | ▶ 1:1 | ▶ FULL(9:22) |

카메라 앱으로 사진 촬영하기

01 '홈' 화면에서 [카메라] 앱을 터치합니다. [설정]([⚙])을 터치한 후 '수직/수평 안내선'을 [ON]([◉])합니다. [뒤로]([<])를 터치합니다.

02 사진 촬영을 위해 구도를 맞춘 다음 [촬영]([◯]) 버튼을 터치합니다. 이후 [갤러리]([◉])를 터치하여 촬영한 사진을 확인합니다.

- 사진(동영상)을 확인하고 싶다면 [갤러리] 앱을 터치합니다. 최근 촬영한 사진부터 나타나거나 앨범으로 나타나기도 합니다.

- 셀카를 찍고자 한다면 [셀카](⬤) 버튼을 터치하거나 카메라 화면을 위아래로 드래그합니다.

STEP 03 사진 촬영하여 텍스트 추출하기

01 '홈' 화면에서 [카메라] 앱을 터치합니다. 텍스트 추출을 위한 문서에 구도를 맞춘 후 [스캔](ⓣ)을 터치합니다. 텍스트 부분이 밝게 나타납니다.

02 텍스트 위를 롱 터치한 다음 [모두 선택]–[복사]를 차례대로 터치합니다. [홈] 버튼을 터치합니다.

03 복사한 텍스트를 나타내기 위해 '홈' 화면에서 [Samsung Notes] 앱을 터치합니다. 화면 아래쪽의 [편집](✏️)을 터치합니다. '제목'란을 터치하여 제목을 입력한 후 '내용'란을 롱 터치한 다음 [붙여넣기]를 터치합니다.

🪝 **조금 더 배우기**

[Samsung Notes] 앱이 '홈' 화면에 없다면 '앱스' 화면에서 찾아봅니다.

AR존 활용하여 사진 촬영하기

01 '홈' 화면에서 [카메라] 앱을 터치합니다. 카메라 화면 아래 [더보기]를 터치한 다음 [AR 존]을 터치합니다.

❶ 터치

❷ 터치

❸ 터치

조금 더 배우기

카메라(동영상)의 더보기 기능을 알아봅니다.

❶ **Expert RAW** : 삼성전자의 렌즈 멀티프레임 촬영이 가능한 RAW 카메라 앱입니다. 갤럭시 스토어를 통해서만 설치 가능합니다.

❷ **프로(프로 동영상)** : 사진(동영상) 촬영 중 노출 값, 셔터 속도, ISO 감도, 화이트 밸런스, 초점 거리, 색조를 수동으로 조절합니다.

❸ **싱글테이크** : 기본 10초의 동영상 촬영으로 여러 개의 다양한 사진과 동영상이 만들어집니다.

❹ **야간** : 어두워 촬영이 어려울 때 사용합니다. 밝고 선명하게 촬영할 수 있습니다.

❺ **음식** : 음식을 더 맛있게 보이도록 촬영합니다.

❻ **파노라마** : 넓은 범위의 장면을 한 장의 사진으로 담습니다.

❼ **슈퍼 슬로우 모션** : 평소 보지 못했던 찰나의 순간들을 포착하여 짧은 동영상으로 만들어 줍니다(약 3초→18초).

❽ **슬로우 모션** : 실제보다 느린 속도로 영상을 재생하도록 촬영합니다(18초→54초).

❾ **하이퍼랩스** : 실제보다 빠른 속도로 영상을 재생하도록 촬영합니다(18초→1초).

❿ **인물 동영상** : 블러, 빅서클, 컬러포인트, 글리치 배경 효과 선택 및 배경 효과 강도를 조절하여 촬영합니다.

⓫ **디렉터스뷰** : 하나의 화면에 전면, 후면 카메라를 동시에 사용하여 촬영합니다.

02 'AR 존' 화면에서 [AR 이모지 카메라]를 터치합니다. [이모지 추가](⊙) 버튼에 이모지를 드래그하여 추가합니다. 이모지가 추가되면 다양한 표정을 지어보며 [이모지 촬영](☺) 버튼을 터치합니다.

❶ 터치

❷ 드래그

❸ 터치

조금 더 배우기

[AR 이모지 스튜디오]와 [AR 이모지 스티커]를 통해 나의 캐릭터를 만들 수 있습니다.

카메라 앱으로 동영상 촬영하기

01 '홈' 화면에서 [카메라] 앱을 터치합니다. [동영상]을 터치한 후 [동영상 촬영] (◉) 버튼을 터치합니다.

조금 더 배우기

슈퍼스테디란?

손떨림 방지와 비슷한 기능으로 흔들림을 완화시켜 주는 기능입니다.

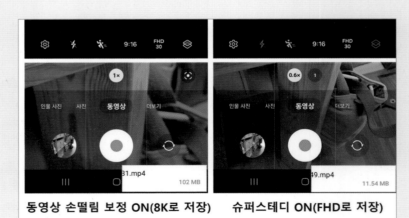

동영상 손떨림 보정 ON(8K로 저장)　　슈퍼스테디 ON(FHD로 저장)

STEP 06 음성 녹음 앱으로 녹음하기

01 '홈' 화면 아래에서 위로 드래그하여 [앱스] 화면을 엽니다. [Samsung] 폴더를 터치한 다음 [음성 녹음]을 터치합니다.

🎙 조금 더 배우기

[Samsung] 폴더가 아닌 다른 곳에 있을 수도 있으며, [음성 녹음]이 아닌 다른 명칭으로 되어 있기도 합니다.

02 [녹음](●)을 터치한 후 음성을 녹음합니다. [일시중지](Ⅱ) 버튼을 터치합니다. 다시 터치하여 녹음을 완료한 다음 [정지](■) 버튼을 터치합니다.

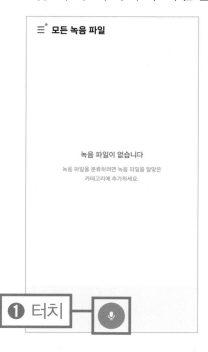

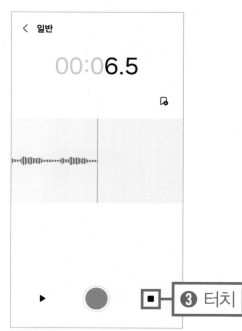

03 '녹음 파일 저장'에 파일명을 입력하고 [저장]을 터치합니다. 저장된 음성 파일을 터치하여 녹음된 파일을 확인합니다.

STEP 07 음성을 텍스트로 변환하여 녹음하기

01 녹음 파일에서 [텍스트 변환]을 터치합니다. '언어 선택' 대화상자의 [텍스트 변환]을 터치하면 녹음된 텍스트를 분석하여 텍스트를 추출합니다.

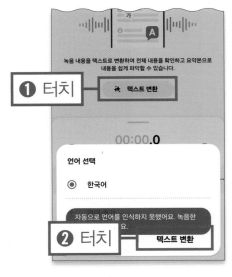

조금 더 배우기

보이스 음성만 인식이 되며 TV나 컴퓨터에서 흘러나오는 소리는 변환되지 않습니다.

02 오른쪽 상단의 [더보기](⋮) 메뉴를 터치한 후 [이름 변경]을 터치합니다. 변경하고자 하는 이름을 입력한 후 [이름 변경]을 터치합니다. 이름이 변경된 것을 확인한 후 [뒤로](‹)를 터치합니다.

03 이름이 변경된 녹음 파일을 길게 누르면 메뉴가 나타납니다. [공유]를 터치한 후 [음성 및 텍스트 파일]을 터치합니다. 공유 대상을 터치합니다. 여기서는 카톡의 [나와의 채팅]을 선택하였습니다.

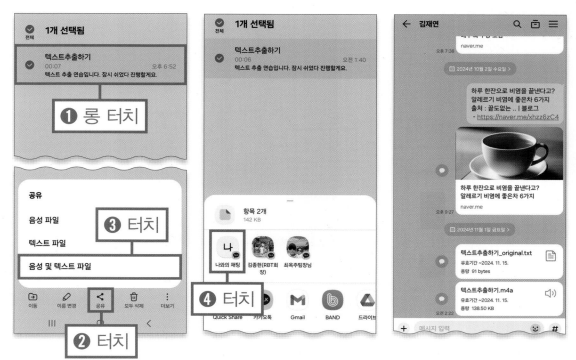

메이투 앱으로
사진 편집하기

POINT

메이투 앱으로 후보정이 필요 없는 셀카, 간편하고 섬세한 뷰티 기능, AI 카툰이 만들어 주는 이미지로 변신할 수 있습니다. 다양한 편집 기능과 여러 장의 사진을 한 장의 사진으로 활용하는 기능을 배워봅니다.

▌ 완성 화면 미리 보기

▌ 여기서 배워요!

사진 편집하기, 인물 사진 편집하기, 콜라주 만들기, AI 카툰 편집하기

사진 편집하기

01 [Play 스토어] 앱을 실행한 다음 검색란에 '메이투'를 입력하여 검색한 후 [설치]를 터치합니다. 설치가 완료되면 [열기]를 터치합니다.

 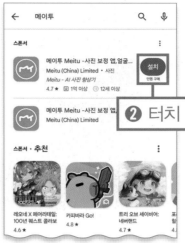 

🖊 조금 더 배우기

'사용자 동의서' 대화상자가 나타나면 '필수항목 선택'의 [동의]를 터치합니다. '알림 허용 여부'에 [허용]을 터치합니다. [허용 안함]을 선택하면 앱을 사용할 수 없습니다.

02 '메이투' 화면에서 [사진]을 터치합니다. '전체 사진'에서 편집할 사진을 검색하거나 [뒤로](<)를 터치하여 '앨범에서 선택'에서 편집할 사진을 검색합니다.

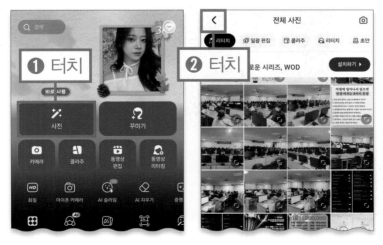 

🖊 조금 더 배우기

• '메이투 즐기기' 외 기타 광고 화면, 팝업 창이 나타나면 [닫기](⊗)를 터치합니다.
• '액세스 허용' 메시지에 [모두 허용]을 터치합니다. 광고 화면에 (⊗)나 [닫기]가 나타나면 터치합니다. 'ㅇ초'가 나온다면 시간이 지나고 (⊗)나 [닫기]가 나타납니다.

03 한 장의 사진을 터치한 다음 [편집] 메뉴를 터치합니다. '회전' 탭에서 [수평]을 터치한 후 조절점을 드래그하여 수평을 맞춥니다. [적용](✓)을 터치합니다.

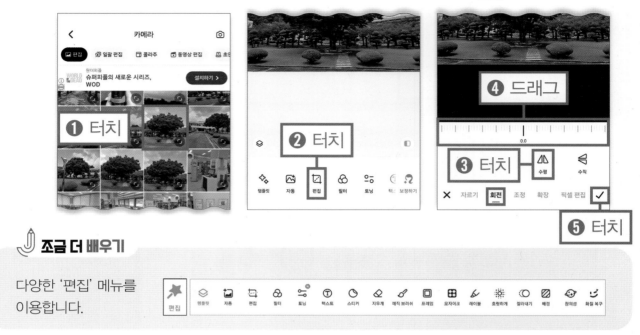

조금 더 배우기

다양한 '편집' 메뉴를 이용합니다.

04 [스티커] 메뉴를 터치합니다. '스티커' 탭에서 원하는 스티커를 터치합니다. 화면 위에 나타난 스티커를 원하는 위치로 드래그합니다. [편집] 탭을 터치하여 [투명도]도 조절해 봅니다. [적용](✓)을 터치합니다.

조금 더 배우기

(∨)가 있는 스티커는 유료입니다. 스티커를 선택하면 나타나는 메뉴에는 [편집](✏), [삭제](✕), [복사](+1), [회전](↻)이 있습니다.

05 [매직 브러쉬]를 터치합니다. '분위기' 탭에서 삽입할 브러쉬 무늬를 터치합니다. 화면 위를 드래그하여 꾸미기를 합니다. [적용](✔)을 터치합니다.

✎ **조금 더 배우기**

브러쉬 무늬를 지우거나 투명도를 조절하고 싶다면 [지우개](⬛)를 터치합니다.

06 [프레임]을 터치합니다. '기본' 탭에서 프레임을 선택한 다음 [적용](✔)을 터치합니다. 편집이 완료되었다면 [저장하기]를 터치합니다.

✎ **조금 더 배우기**

다른 프레임을 터치하면 변경되며 [삭제](✖)를 터치하면 '적용 취소'가 됩니다.

07 광고 창을 [닫기](⊗)합니다. '사진 저장 완료' 메시지를 확인하고 [홈](⌂) 버튼을 터치합니다.

🖉 **조금 더 배우기**

[다음]을 터치하면 '전체 사진' 화면이 나타납니다. 다른 사진을 선택하여 편집하여도 됩니다. 저장된 사진 확인은 [갤러리] 앱으로 이동합니다.

STEP 02 ▶ 인물 사진 편집하기

01 '메이투' 화면에서 [꾸미기]를 터치합니다. '전체 사진'에서 편집할 사진을 검색하거나 [뒤로](‹)를 터치하여 '앨범에서 선택'에서 편집할 사진을 검색합니다.

02 인물 사진을 터치한 다음 [얼굴 보정] 메뉴를 터치합니다. '3D 재구성' 탭에서 '상', '하'의 조절점을 드래그합니다. [전후비교]() 버튼을 꾹 눌렀다 뗐다 하여 변화된 사진을 확인합니다.

조금 더 배우기

인물 사진을 선택하면 [꾸미기] 메뉴가 우선으로 나타납니다. 만약 [꾸미기] 관련 메뉴가 나타나지 않으면 화면 아래 [꾸미기]를 터치합니다.

03 '얼굴' 탭에서 [얼굴 너비], [관자놀이], [광대뼈], [턱 길이] 등을 터치한 후 조절점을 드래그하여 조절합니다. [적용](☑)을 터치한 후 [전후비교](◨)로 변화를 확인합니다. [편집]을 터치하고 [템플릿]의 [폴라로이드]를 선택합니다. [저장하기]를 터치합니다.

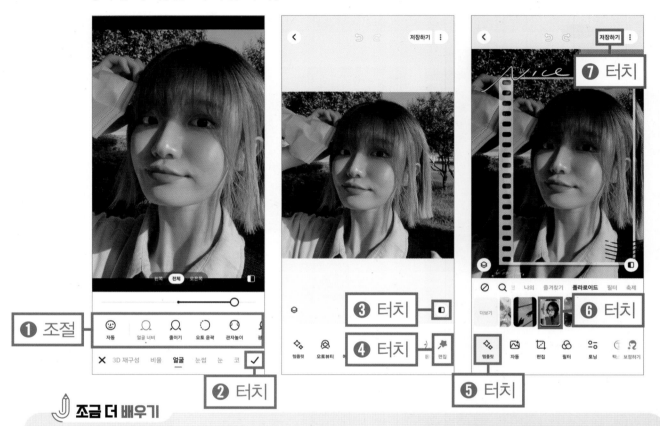

조금 더 배우기

• 다른 '꾸미기' 도구들도 터치하여 이용합니다.

• 템플릿에 유료 아이템이 있습니다.

[편집] 메뉴의 '템플릿', [꾸미기] 메뉴의 '리터칭 템플릿'을 선택한 후 [저장하기]를 터치하면 '템플릿에 유료 아이템이 있습니다'라는 대화상자가 나타날 때가 있습니다. 이럴 때는 [뒤로](<)를 터치한 다음 다른 템플릿을 선택합니다.

04 광고 창을 [닫기](⊗)합니다. '사진 저장 완료' 메시지를 확인합니다. [더보기]
(⋯)를 터치하여 친구에게 사진을 공유해 보도록 합니다.

🖑 **조금 더 배우기**

광고 창에 일정한 시간이 지나면 [닫기](⊗)가 나타납니다. 저장된 사진은 [갤러리] 앱에서 확인합니다.

STEP 03   **콜라주 편집하기**

01 '메이투' 화면에서 [콜라주]를 터치합니다. '전체' 사진에서 편집할 사진을 선택
하거나 [뒤로](<)를 터치하여 '앨범에서 선택'에서 편집할 사진을 선택합니다.

02 사진을 여러 장 터치하여 선택한 다음 [시작]을 터치합니다. 화면 아래 [프리] 레이아웃을 터치합니다. 사진을 핀치투줌으로 조절하여 배치합니다.

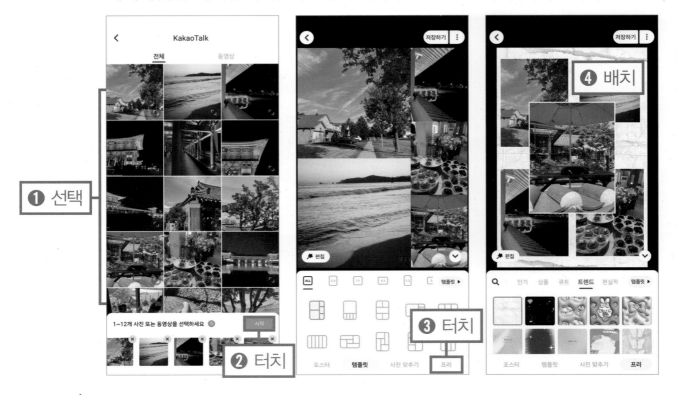

🖊 **조금 더 배우기**

콜라주 사진은 최대 12장까지 선택할 수 있습니다. 사진을 터치하여 원하는 방향으로 [회전](◎)합니다.

03 [포스터]를 터치한 다음 적용하고자 하는 레이아웃을 선택한 후 [저장하기]를 터치합니다. '콜라주 저장됨' 메시지를 확인합니다.

AI 카툰 편집하기

01 '메이투' 화면에서 [AI 도구]를 터치합니다. 'AI' 화면에서 [사진 선택]을 터치합니다. '클라우드 업로드 주의' 메시지에 [동의 및 시작]을 터치합니다.

02 '앨범에서 선택'에서 앨범을 선택합니다. 사진을 터치합니다.

03 제작된 AI에서 마음에 드는 사진을 터치합니다. [사진 저장]을 터치합니다.

04 저장된 사진들을 확인하기 위해 [홈] 버튼을 터치합니다. [갤러리] 앱에서 [카메라] 앨범을 터치하여 저장된 사진들을 확인합니다.

✏️ **조금 더 배우기**

'AI'에서 저장한 이미지는 [메이투] 앨범으로 저장이 됩니다.

혼자서도 만들 수 있어요!

1 재미난 셀카를 촬영해 보세요.

hint [메이투] 앱 실행 → [카메라] 터치한 후 [큐티]

2 콜라주에 텍스트 문구를 입력해 보세요.

hint [콜라주] 터치한 다음 사진 선택을 한 후 [템플릿] 터치 → [편집]에서 프레임 적용 → [텍스트] 터치한 다음 내용 입력(글꼴(나눔손글씨펜)–스타일(스트로크(검정)) 선택)

캡컷 앱으로
동영상 편집하기

POINT

스마트폰에 저장된 사진, 비디오 등을 활용하여 편리하게 동영상을 제작할 수 있습니다. 저작권 걱정 없이 글꼴 및 배경 음악, 효과음 등을 사용할 수 있으며 애니메이션 등 무료 고급 기능을 제공하여 순간을 포착하고 캡처할 수 있는 캡컷 앱을 배워봅니다.

▌완성 화면 미리 보기

▌여기서 배워요!

사진, 동영상을 활용하여 제작하기

사진을 활용하여 제작하기

01 [Play 스토어] 앱을 실행한 다음 검색란에 '캡컷'을 입력하여 검색한 후 [설치] 합니다. 설치가 완료되면 [열기]를 터치합니다. '서비스 약관 및 개인정보 보호 정책' 메시지가 나타나면 [동의 및 계속]을 터치합니다.

✍ **조금 더 배우기**

'회원님의 역할 설명' 대화상자는 [건너뛰기]를 터치합니다.

02 '편집'에서 [새 프로젝트]를 터치합니다. [앨범]을 터치합니다. 동영상 제작에 사용할 사진이 있는 [Camera] 앨범을 터치합니다.

✍ **조금 더 배우기**

• 모든 사진(동영상)을 보여주는 '앨범'에서 선택하여도 됩니다. [새 프로젝트]를 터치하면 최종적으로 이용하였던 앨범의 '동영상' 탭 또는 '사진' 탭이 나타납니다.
• '액세스 허용 여부'에 [모두 허용]을 터치하고 '알림 여부'는 [취소]를 터치합니다.

03 동영상으로 제작할 사진 여러 장을 터치한 다음 [추가]를 터치합니다. [커버]를 터치한 후 [템플릿 사용]을 터치합니다.

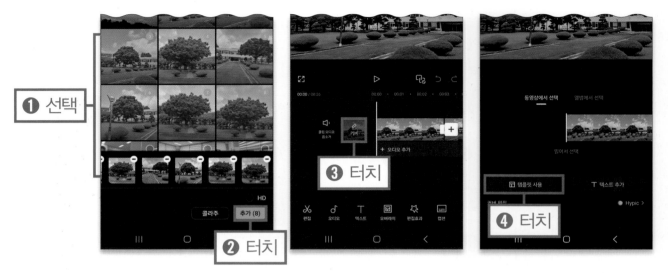

04 사용할 표지 템플릿을 터치한 다음 [적용]([✓])을 터치합니다. [앨범에서 선택]을 터치한 후 사용할 사진을 터치합니다.

조금 더 배우기

[Camera] 앨범을 터치하여 다른 앨범의 사진들도 선택할 수 있습니다.

05 커버로 이용할 사진을 드래그하여 조절한 후 [확인]-[저장]을 차례대로 터치합니다.

🌙 **조금 더 배우기**

텍스트를 터치하여 내용 및 글꼴 등을 변경할 수 있습니다.

06 미디어를 왼쪽, 오른쪽으로 드래그해 봅니다. [전환](▯)을 터치한 다음 '기본'의 [밀기]를 터치합니다. 왼쪽 아래 [전체 적용]을 터치한 다음 [적용](✓)을 터치합니다.

07 사진 한 장을 터치한 후 아래쪽에 [애니메이션]을 터치합니다. '조합'의 [줌 1]을 터치한 다음 [적용](☑)을 터치합니다. 각각의 사진들을 터치하여 애니메이션 효과를 적용해 봅니다.

조금 더 배우기

'애니메이션'이란 사진(동영상)을 움직이는 것처럼 보이게 하는 것입니다. 사진(동영상)에 다양한 효과를 주기 위해서는 선택(흰 상자)이 나타나야 합니다.

08 헤더(흰 막대)가 미디어 맨 앞쪽에 위치하도록 미디어 부분을 왼쪽으로 드래그합니다. 미디어 부분의 [오디오 추가]를 터치한 다음 [사운드]를 터치합니다. [여행] 카테고리를 터치합니다.

조금 더 배우기

[노래 또는 아티스트 검색]을 터치하여 검색하여도 됩니다. 스마트폰에 있는 노래를 사용할 시 저작권에 문제가 없는지 확인하도록 합니다.

09 사운드의 왼쪽 이미지를 터치하여 음악을 들어본 후 [추가](➕)를 터치합니다. 삽입된 음악이 나타납니다. 삽입된 음악의 앞부분을 자르기 위해 음악의 앞 [조절점]을 롱 터치하여 드래그 앤 드롭합니다.

10 앞 부분이 잘려진 음악을 롱 터치하여 동영상 시작 부분으로 드래그 앤 드롭합니다. 동영상 길이와 음악을 맞추기 위해 음악의 끝 조절점을 롱 터치하여 동영상의 끝부분까지 드래그 앤 드롭합니다. 빈 곳을 터치한 후 [이전]을 터치합니다.

🎵 **조금 더 배우기**

• 음악과 비디오 자르기는 분할로 이용할 수도 있습니다.

11 헤더(흰 막대)가 동영상 앞부분에 오도록 위치하고 아래쪽에 [텍스트]를 터치한 후 [텍스트 추가]를 터치합니다. '텍스트 입력'란에 텍스트를 입력합니다.

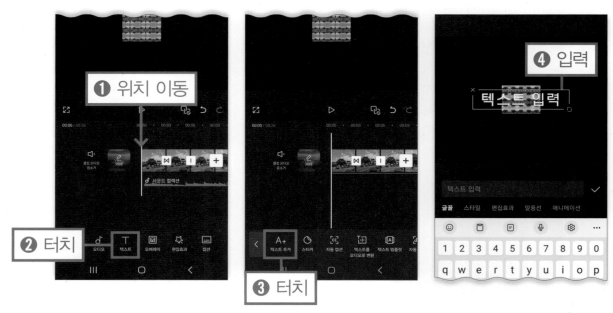

12 입력한 텍스트 위치를 이동한 다음 [글꼴]을 터치하여 변경하고 [거품]을 터치합니다. 사용할 말풍선을 터치한 다음 [적용](✓)을 터치합니다.

🤟 조금 더 배우기

[삭제](✖), [크기 조절](▣), [복사](▣), [편집](✎) 메뉴를 확인할 수 있습니다.

13 말풍선의 크기 및 위치 등을 조절합니다. 텍스트 [조절점](□)을 변경합니다. [재생](▷) 버튼을 터치하여 동영상을 재생합니다. 오른쪽 위 [내보내기]를 터치합니다.

📎 **조금 더 배우기**

텍스트 [조절점](□)을 조절하여 크기가 작아지면 나타나는 시간이 줄어들고, 크기가 커지면 시간도 늘어납니다.

14 '공유 준비 완료' 메시지 상자에 [완료]를 터치합니다. 스마트폰 [홈](○) 버튼을 터치한 다음 [갤러리] 앱을 터치합니다. '카메라' 앨범에 저장된 동영상을 확인합니다.

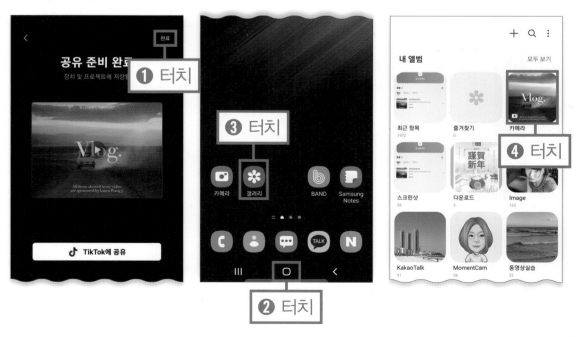

조금 더 배우기

■ CapCut 알아보기

• CapCut 화면 살펴보기

❶ 닫기 : 캡컷 첫 화면으로 프로젝트 목록이 보입니다.

❷ 저장 옵션 : '동영상', 'GIF' 선택 및 해상도를 지정합니다.

❸ 내보내기 : 동영상(GIF) 파일로 제작합니다.

❹ 편집 창(미리보기) : 편집하는 내용을 확인할 수 있습니다.

❺ 재생 : 편집한 영상을 확인합니다.

❻ 실행 취소 및 재실행 : 편집 중 이전 작업 또는 다시 실행합니다.

❼ 전체 화면 : 영상을 크게 확인합니다.

❽ 음소거 : 소리를 들리지 않게 합니다.

❾ 커버 : 시작하는 첫 화면을 나타냅니다.

❿ 편집 화면 : 사진, 비디오, 음악, 효과 등을 편집합니다.

⓫ 미디어 추가 : 새로운 사진, 비디오를 추가합니다.

⓬ 메뉴바 : 기본 메뉴들이 보입니다. 터치하면 부메뉴가 나타납니다.

• CapCut 메뉴 펼쳐보기

동영상을 활용하여 제작하기

01 [새 프로젝트]를 터치합니다. [동영상] 탭을 터치하여 사용할 동영상을 선택합니다. [추가]를 터치합니다.

조금 더 배우기

'사진'과 '동영상'을 같이 사용하여도 됩니다.

02 동영상을 추가하고 싶다면 삽입할 위치에 헤더(흰 막대)를 두고 [추가](➕)를 터치합니다. '앨범'에서 동영상을 터치하고 [추가]를 터치합니다.

03 속도 조절을 하려는 동영상을 터치합니다. [속도]를 터치한 다음 [일반]을 터치합니다. 조절하고 싶은 속도를 지정한 후 [적용](✓)을 터치합니다. 변경된 동영상 시간을 확인합니다.

 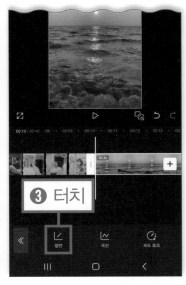 

 **조금 더 배우기**

속도를 일반적으로 배속이라 합니다. 1보다 작으면 느려지고, 크면 빨라집니다.

04 헤더(흰 막대)가 미디어 맨 앞쪽에 위치하도록 미디어 부분을 왼쪽으로 드래그한 다음 [오디오 추가]를 터치합니다. [사운드]를 터치한 후 화면을 드래그하여 페이지를 넘겨 [사랑] 카테고리를 터치합니다. 음악 한 곡을 [추가](➕)합니다.

05 동영상과 삽입된 음악의 길이를 맞추기 위해 헤더(흰 막대)를 동영상 마지막 부분에 위치시킵니다. [분할]을 터치합니다. 분할된 음악의 뒷부분을 터치한 후 [삭제]를 터치합니다.

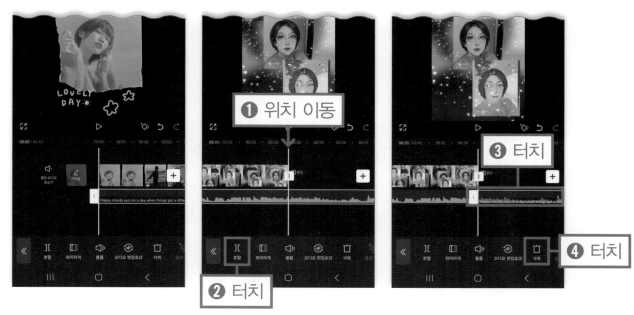

06 남아 있는 음악을 터치한 다음 [희미하게]를 터치합니다. '페이드 인', '페이드 아웃'의 조절점을 조절한 후 [적용](✓)을 터치합니다. [내보내기]를 터치합니다.

🎵 **조금 더 배우기**

'페이드'란 부드럽게 시작하고 부드럽게 마무리하는 것을 말합니다.

07 '내보내는 중...'이 100%가 되면 저장이 완료됩니다. '공유 준비 완료' 아래 [기타]()를 터치한 다음 '카카오톡' 앱 또는 '메시지' 앱으로 동영상을 공유 합니다.

 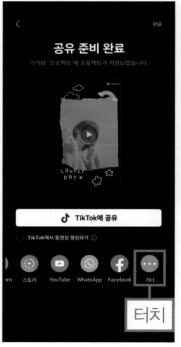 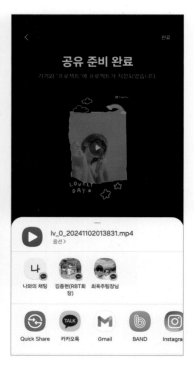

조금 더 배우기

'프로젝트 파일'이란 동영상 제작을 위해 작업하고 있는 파일을 의미합니다.
캡컷의 기본 [편집] 탭 화면에는 '프로젝트 파일'들이 보입니다.
- [프로젝트 파일] 터치 : 수정(편집)
- [더보기](⋯) 터치 : 이름 변경, 복사, 삭제 등

12 | 네이버 앱으로 다양한 검색하기

POINT

길가에 피어 있는 예쁜 꽃 이름이 궁금하다면? 어디선가 들려오는 익숙한 선율이 궁금하다면? 벽에 붙어 있는 QR코드가 궁금하다면! 네이버 앱을 설치하여 사용하는 방법을 배웁니다.

▌완성 화면 미리 보기

▌여기서 배워요!

렌즈로 검색하기, QR코드 읽기, 음악 검색하기

01 [Play 스토어] 앱을 실행한 다음 검색란에 '네이버'를 입력하여 검색한 후 [설치]를 터치합니다. 설치가 완료되면 [열기]를 터치합니다.

02 '알림 허용 여부' 메시지에 [허용]을 터치한 다음 [네이버 시작하기]를 터치합니다. '간편하게 로그인'은 [나중에 할게요]를 터치합니다.

  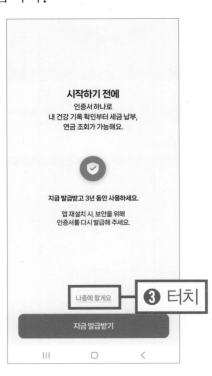

03 '시작하기 전에' 화면에서 [네이버 시작하기]를 터치한 후 '위치 액세스 허용 여부' 메시지에서 [앱 사용 중에만 허용]을 터치합니다. 화면 사용법이 나타나면 화면을 드래그합니다.

04 네이버 검색란 오른쪽의 [그린닷]([image])을 터치한 후 [렌즈]([image])를 터치합니다. '사진 촬영, 동영상 녹화 허용 여부' 메시지에 [앱 사용 중에만 허용]을 터치합니다. 'Smart Lens 사용법' 소개 창을 [닫기]([×])합니다.

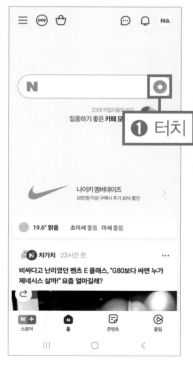  

05 검색할 사물을 카메라 화면에 담은 후 [촬영](◎)을 터치합니다. 해당하는 사물의 검색 결과가 나타납니다. 화면을 위로 드래그하여 자세한 검색 결과를 확인합니다.

✍️ **조금 더 배우기**

[렌즈]에서 왼쪽 아래 [갤러리](▣, ▣)에 저장된 사진을 활용하여 검색할 수도 있습니다.

STEP 02 **QR코드 읽기**

01 [그린닷](⊙)-[렌즈](📷)를 터치합니다. 카메라 렌즈를 QR코드에 갖다 대면 녹색 상자가 나타나 QR코드를 감지합니다. QR코드에 등록된 내용이 상단에 나타나면 터치하여 자세한 내용을 확인합니다. 네이버 툴바의 [공유](↪)를 터치합니다.

🎵 **조금 더 배우기**

QR코드를 읽기 위해서 [촬영] 버튼은 터치하지 않습니다.

02 공유할 앱 [카카오톡]을 터치합니다. 공유할 대상인 '친구' 또는 '채팅'을 터치한 다음 [확인]을 터치합니다.

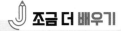

다양한 정보를 QR코드로 만들고 싶다면 QR코드를 찍어서 확인합니다.

▶ makeqr.kr   ▶ nfcqr.kr/qrc

STEP 03   음악 검색하기

01 주변에서 들려오는 노래 제목이 궁금하다면 [그린닷](◉)-[음악](🎵)을 차례대로 터치합니다. 노래 제목과 앨범 등 음악에 관한 정보를 보여줍니다. [바로재생]을 터치하여 1분 미리듣기를 합니다.

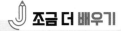

'녹음 허용 여부' 메시지가 나온다면 [허용]을 터치합니다. 음악 원곡 전체를 듣거나 다운로드받고 싶다면 음악을 구매하여야 합니다.

02 노래 가사의 일부분만 기억이 날 때 [그린닷]([이미지])-[음악]([이미지])을 터치합니다. 음악 검색 화면 아래 [가사로 찾기]를 터치합니다. [가사를 입력하세요.]를 터치하여 기억나는 노래 가사를 입력하고 검색합니다. 해당하는 노래를 터치하여 1분 미리듣기를 합니다.

🖐 조금 더 배우기

■ 네이버 툴바 이용하기

• **검색 자료 스크랩하기(화면캡처 활용)**

검색 결과 화면에서 툴바 ①[더보기]-②[화면캡처]-③[현재화면 캡처] 또는 [전체화면 캡처] / 확인은 [갤러리] 앱-[Naver] 앨범

• **스마트폰 [홈] 화면에 바로가기 앱 만들기(홈 화면에 추가 활용)**

검색 결과 화면에서 툴바 ①[더보기]-④[홈 화면에 추가]-⑤[추가]

혼자서도 만들 수 있어요!

1 네이버 앱을 사용하여 QR코드를 읽어보세요.

▶ 광화문 홍보 영상   ▶ 이기적 영진닷컴

hint [네이버] 앱에서 [그린닷]( ) 터치 → [렌즈]( ) 터치 후 QR코드 인식

2 네이버 앱을 사용하여 사물을 검색해 보세요.

hint [네이버] 앱에서 [그린닷]( ) 터치 → [렌즈]( ) 터치 후 QR코드 인식

13 유튜브 앱으로 동영상 및 노래 감상하기

POINT

유튜브는 마음에 드는 동영상과 음악을 감상하고 직접 만든 콘텐츠를 업로드하여 친구, 가족 뿐 아니라 전 세계 사람들과 콘텐츠를 공유할 수 있는 곳입니다. 유튜브 활용법에 대해 배워 봅니다.

▌완성 화면 미리 보기

▌여기서 배워요!

음악 감상하기, TV로 전송하기, 노래 연습하기, 분할 화면 사용하기

01　유튜브란?

구글이 서비스하는 동영상 공유 플랫폼입니다. 전 세계 최대 규모의 동영상 공유 및 호스팅 사이트로써, 이용자가 직접 만든 콘텐츠를 업로드하여 전 세계 사람들과 공유할 수 있습니다. 또한 유튜브 동영상은 구글 계정이 없어도 누구나 시청이 가능한 특징이 있습니다.

02　유튜브 화면 살펴보기

03　유튜브 용어 알아보기

❶ 채널 : 유튜브에 존재하는 나의 홈페이지, 영상을 올리고 보관할 수 있는 공간

❷ 구독 : 서적을 구독할 때처럼 '계속 받아본다'라는 의미
즐겨찾기의 개념으로, 새로운 영상이 떴을 경우 알림 표시로 영상을 빠르게 확인할 수 있는 게 장점

❸ 유튜버 : 유튜브에 영상을 올리는 사람

❹ 유튜브 크리에이터 : 본인이 만든 콘텐츠를 올리는 사람

❺ 섬네일 : 동영상의 내용을 미리 확인할 수 있는 대표 이미지, 미리 보기

❻ 인플루언서 : SNS에서 수많은 팔로워를 통해 다중에게 영향력을 미치는 사람

❼ 브이로그 : 비디오와 블로그의 합성어. 소소한 자신의 일상을 동영상으로 올리는 영상

음악 감상하고 친구에게 공유하기

01 스마트폰 [홈] 화면 아래에서 위로 드래그하여 [앱스] 화면을 엽니다. [Google] 폴더를 터치한 다음 [YouTube]를 터치합니다.

 조금 더 배우기

유튜브 앱을 자주 사용한다면 홈 화면에 배치합니다.

02 유튜브 홈 화면의 [검색](🔍)을 터치합니다. 찾고 싶은 노래 제목을 입력하여 검색합니다. 검색 결과에서 보고 싶은 동영상을 터치합니다. 동영상 화면 아래 [공유]를 터치합니다.

 조금 더 배우기

'YouTube Premium' 안내가 나온다면 [체험 건너뛰기]를 터치합니다.

03 공유하고 싶은 앱(카카오톡)을 터치한 다음 '친구' 또는 '채팅'에서 대상자를 터치합니다. [확인]을 터치합니다. 공유된 동영상을 확인합니다.

✎ **조금 더 배우기**

검색한 동영상을 계속 보고 싶다면 [재생목록], 채널에 새로운 동영상 소식을 받고 싶다면 [구독]을 이용합니다.

STEP 03 스마트폰 동영상을 TV로 전송하여 감상하기

01 유튜브 홈 화면의 [검색](🔍)을 터치합니다. 검색할 내용을 입력하여 검색합니다. 검색 결과에서 보고 싶은 동영상을 터치합니다.

✎ **조금 더 배우기**

유튜브 시청 시 광고가 나오기도 합니다. '광고 후에 동영상이 재생됩니다.' 또는 'ㅇ초'가 나타난 후 '광고 건너뛰기'가 나타납니다. 광고가 보기 싫다면 'YouTube Premium' 유료 버전에 가입하여야 합니다.

02 [전송 대상]([📡])을 터치한 후 [TV 코드로 연결]을 터치합니다. 'TV 코드 입력' 란이 나타납니다. TV의 유튜브로 접속한 다음 [설정]을 터치합니다. [TV 코드로 연결]을 선택하여 코드 번호를 확인합니다.

🌙 **조금 더 배우기**

스마트 TV에서는 '유튜브'로 바로 연결하여 사용할 수 있습니다.

03 스마트폰 'TV 코드 입력'란에 코드 번호를 입력한 후 [링크]를 터치합니다. 스마트폰 화면에 'YouTube On TV에서 재생 중'이 나타나고 TV에 동영상이 재생됩니다.

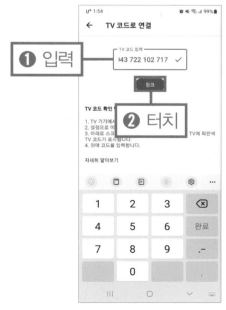

유튜브 동영상으로 노래 연습하기

01 유튜브 검색란에 노래 연습을 할 곡을 검색합니다. 검색된 결과에서 동영상을 터치한 다음 [화면크게](⌞⌝)를 터치합니다. 화면의 박자와 가사를 참고하며 노래를 연습합니다.

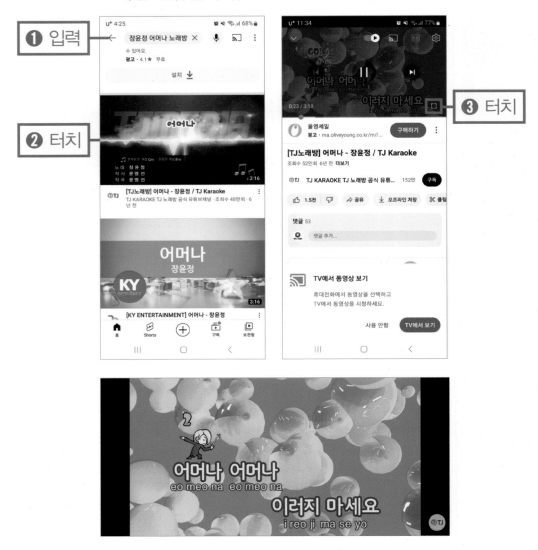

조금 더 배우기

[○○○(가수 이름) 노래방]이라고 입력하면 검색이 편리합니다.

유튜브 동영상 감상하며 네이버 검색하기

01 [유튜브] 앱을 터치합니다. 유튜브 홈 화면이 나타나면 스마트폰 [홈](◯) 버튼을 터치합니다. 스마트폰 [최근실행](Ⅲ) 버튼을 터치한 다음 화면을 드래그하여 유튜브 화면을 찾습니다. 유튜브 화면의 [유튜브](▶) 로고를 터치합니다. [분할 화면으로 열기]를 터치합니다.

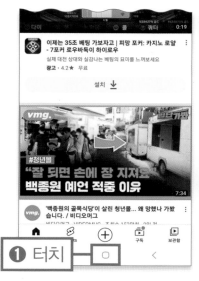  

02 '앱 선택'에서 화면을 드래그하여 사용할 앱을 터치합니다. 여기서는 [네이버] 앱을 선택합니다. 상단 [유튜브] 앱에서는 동영상을 검색하고 하단 [네이버] 앱에서는 날씨, 뉴스 등을 검색할 수 있습니다.

 **조금 더 배우기**

'분할 화면으로 사용'할 앱은 최근에 사용한 앱들 중에서 선택 가능합니다.

코레일 앱으로 열차 예매하기

POINT

코레일톡은 한국철도공사 승차권 예약 앱입니다. 예매도 바로, 확인도 빠르게, 편의성 높은 코레일톡 앱 사용법을 배웁니다.

▌ 완성 화면 미리 보기

▌ 여기서 배워요!

승차권 예매하기, 반환하기

승차권 예매하기

01 [Play 스토어] 앱을 실행한 다음 검색 란에 '코레일'을 입력하여 검색한 후 [설치]를 터치합니다. 설치가 완료되면 [열기]를 터치합니다.

02 '접근권한 설정안내' 메시지에 [네]를 터치하고 '액세스 허용 여부'에 [모두 허용]을 터치합니다. '코레일톡 위치 액세스 허용 여부'에 [앱 사용 중에만 허용]을 터치합니다.

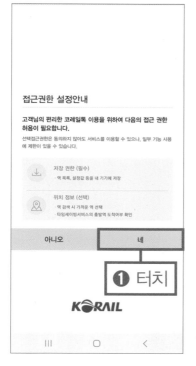

03 '알림 허용' 메시지에 [허용]을 터치하면 코레일 홈 화면이 나타납니다. [출발:서울], [도착:부산]을 각각 터치한 다음 역이름을 입력 및 검색하여 변경합니다. [가는날]을 터치합니다.

04 '예매할 날짜'와 '시간'을 설정한 후 [확인]을 터치합니다. [인원선택]을 터치한 다음 해당하는 항목의 [+],[−]를 이용하여 인원수를 설정합니다. [열차조회]를 터치합니다.

05 '열차 조회' 화면을 드래그하여 예매할 열차를 터치합니다. [좌석선택]을 터치하여 예매할 인원수만큼의 좌석을 터치한 다음 [선택 완료]를 터치합니다.

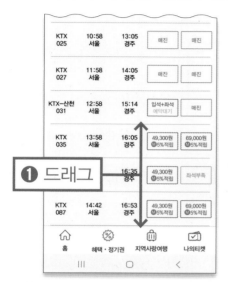
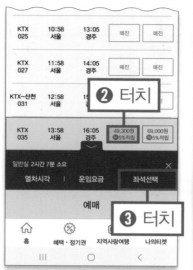
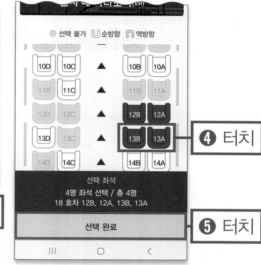

🎣 조금 더 배우기

역마다 정차하는 시간이 궁금하다면 '열차시각'을, 요금이 궁금하다면 [운임요금]을 터치하여 확인합니다.

06 [예매]를 터치한 다음 아래쪽에 [비회원]을 터치합니다. '이름', '전화번호', '비밀번호', '비밀번호 확인'에 각각 내용을 입력하고 [확인]을 터치합니다.

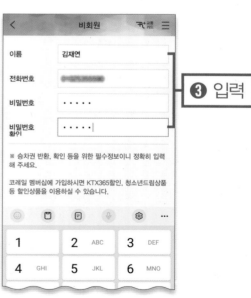

🎣 조금 더 배우기

비회원도 비밀번호가 필요합니다. 승차권 확인 및 기타 다른 사람들이 보지 못하도록 하기 위함입니다.

07 '이용안내' 메시지에서 [위 내용에 대해 확인하였습니다.]를 선택하고 [네]를 터치합니다. '승차권 정보 확인'에서 예매 정보를 확인한 후 [결제하기]를 터치합니다. '결제' 화면에서 해당하는 항목을 설정한 후 [다음]을 터치합니다.

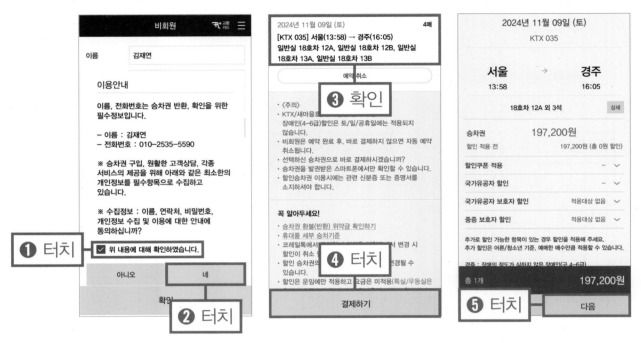

08 결제수단을 [카드결제]로 터치한 후 아래쪽에 카드 정보를 입력합니다. [결제/발권]을 터치합니다. 승차권을 확인합니다.

🎣 **조금 더 배우기**

'승차권 확인' 화면은 보안 정책상의 이유로 화면 캡처가 되지 않습니다. 승차권 아래 [전달하기]를 터치하여 승차권을 다른 사람에게 보낼 수 있습니다.

승차권 반환하기(예매 취소하기)

01 '승차권 확인' 화면 아래 [반환하기]를 터치합니다. 반환할 승차권을 선택한 후 [반환하기]를 터치합니다. '승차권 반환수수료 0원입니다. 반환하시겠습니까?' 메시지에 [반환요청]을 터치합니다.

🪝 **조금 더 배우기**

승차권 확인 관련 사항은 화면 캡처가 되지 않아 다른 스마트폰으로 촬영하였습니다.

02 '승차권이 정상반환 되었습니다.' 메시지에 [확인]을 터치합니다. '승차권 확인' 메뉴에 나타나지 않습니다.

롯데시네마 앱으로 영화 예매하기

POINT ───────────────────────────────

좋아하는 영화를 보기 위해 영화관 앞에서 많은 시간을 소비할 필요가 없습니다. 스마트폰으로 예매하여 이용하는 방법을 배워봅니다.

▌ 완성 화면 미리 보기

▌ 여기서 배워요!

롯데시네마 회원가입하기, 예매하기, 결제하기

롯데시네마 앱에서 회원가입하기

01 [Play 스토어] 앱을 실행한 다음 검색란에 '롯데시네마'를 입력하여 검색한 후 [설치]를 터치합니다. 설치가 완료되면 [열기]를 터치합니다.

02 롯데시네마 홈 화면 광고 창이 나타나면 [오늘 그만 보기]를 터치합니다. 화면 아래 [마이]를 터치한 다음 [카카오톡 로그인]을 터치합니다. 카카오톡의 '이메일(계정)'과 '비밀번호'를 입력한 다음 [로그인]을 터치합니다.

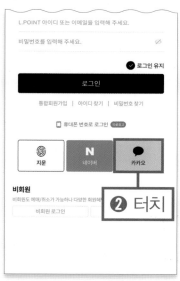

🦥 **조금 더 배우기**

가끔 이용하는 이용자라면 '비회원 로그인'을 선택하여도 됩니다. 회원가입하여 사용하면 포인트 등이 적립되어 나중에 현금처럼 사용할 수 있습니다.

03 '카카오톡 계정 로그인 알림' 메시지가 상태표시줄에 나타납니다. '[필수]카카오 개인정보 제3자 제공 동의'에만 체크를 한 후 [동의하고 계속하기]를 터치합니다. '롯데시네마 마이페이지'가 나타납니다. 왼쪽 위 [홈](🏠) 버튼을 터치합니다.

🖊 **조금 더 배우기**

일반 회원가입보다 '네이버로 로그인', '카카오톡으로 로그인'으로 간편하게 가입하여 사용할 수 있습니다. 단, '네이버', '카카오톡'에 회원가입이 되어 있어야 합니다.

STEP 02 영화 예매하기

01 롯데시네마 홈 화면에서 예매할 영화를 터치합니다. '영화관 선택' 화면에서 방문할 영화관을 터치합니다.

🖊 **조금 더 배우기**

기존 사용자라면 '영화관 선택'이 나타나지 않습니다. 추후 예매 시 영화관 변경이 가능합니다.

02 '예매날짜'와 '예매시간'을 선택합니다. '인원수'를 (⊕), (⊖)로 지정한 다음 [좌석 선택]을 터치합니다. 원하는 좌석을 터치합니다.

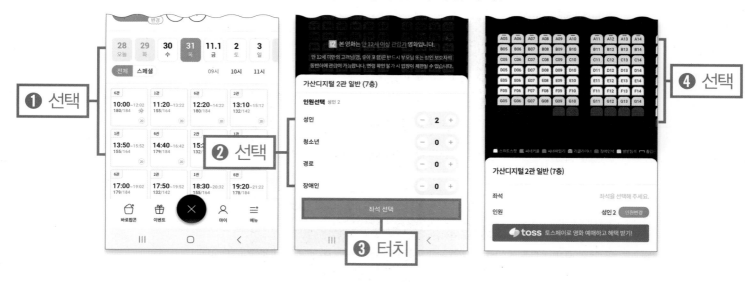

STEP 03 **결제하기**

01 좌석을 선택한 후 [일반 결제]를 터치합니다. 여기서는 [휴대폰] 결제를 사용합니다. 금액을 확인하고 [결제하기]를 터치한 후 휴대폰 번호를 입력합니다. [다음]을 터치합니다.

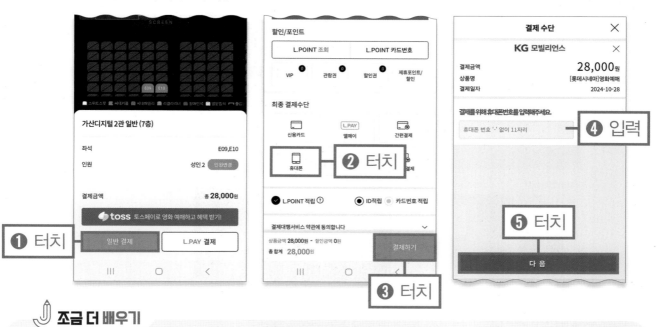

✐ **조금 더 배우기**

결제는 사용자가 사용하기 편리한 '결제수단'을 이용합니다.

02 해당하는 비밀번호를 입력하고 아래 [입력완료]를 터치합니다. '예매티켓'이 나타납니다. 스마트폰 [홈] 버튼을 터치한 다음 문자 메시지의 '휴대폰 소액 결제 알림'도 확인합니다.

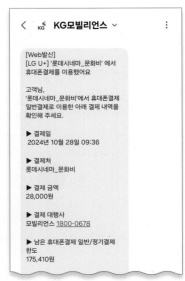

🤙 조금 더 배우기

일반적인 '휴대폰 소액 결제'는 '통신사', '휴대폰 번호', '생년월일'을 이용하여 본인 인증코드 입력 시 결제가 완료됩니다. 여기서는 간편결제 형식으로 등록되어 있습니다.

03 상영관에 입장할 때 '롯데시네마' 앱을 연 후 위쪽의 [바로티켓] 또는 [메뉴]-[바로티켓]을 터치합니다. 스마트폰을 살짝 흔들면 티켓이 나타납니다.

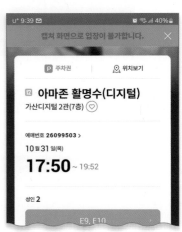

🤙 조금 더 배우기

티켓 아래에 '공유하기', '예매취소' 등의 메뉴가 있습니다.

쿠팡 앱에서
상품 주문하기

POINT

쿠팡 앱은 다양한 인기 상품과 국내외 여행을 비롯하여 해외 직구까지 가능합니다. 특정 금액 이상이면 무료 배송까지 이용할 수 있습니다. 여기서는 쿠팡 앱을 이용하여 상품을 검색, 구매, 결제하는 방법을 배워봅니다.

▌완성 화면 미리 보기

▌여기서 배워요!

상품 검색하여 주문하기, 결제하기, 회원가입하기

상품 검색하여 주문하기

01 [Play 스토어] 앱을 실행한 다음 검색란에 '쿠팡'을 입력하여 검색한 후 [설치]를 터치합니다. 설치가 완료되면 [열기]를 터치합니다.

02 쿠팡 홈 화면의 '쿠팡에서 검색하세요!'를 터치하여 구매할 쇼핑 목록을 검색합니다. 검색된 상품 목록 화면을 드래그하여 해당하는 품목을 터치합니다.

03 선택한 품목 아래 [구매하기]를 터치한 다음 [장바구니 담기]를 합니다. [검색] (🔍)을 터치하여 다른 쇼핑 목록을 검색한 후 품목을 선택합니다.

📎 조금 더 배우기

쿠팡은 19,800원 이상 구매 시 무료배송입니다. 와우클럽(한 달 무료, 유료 서비스)에 가입하면 금액과 무관하게 무조건 무료배송입니다.

04 [구매하기]-[장바구니 담기]를 차례대로 터치합니다. 오른쪽 위 [장바구니] (🛒)를 터치합니다. '장바구니' 화면 아래 [구매하기]를 터치합니다.

장바구니 상품 결제하기

01

'주문/결제' 정보의 [결제수단]을 터치합니다. 여기서는 [계좌이체/무통장입금]을 선택하였습니다. '결제수단' 은행을 지정합니다.

조금 더 배우기

'배송지', '배송 요청사항', '현금영수증' 등 필요한 사항들을 각각 터치하여 입력 및 수정합니다.

02

[선택완료]를 터치합니다. '주문/결제' 화면의 [결제하기]를 터치합니다. 화면 아래 [무통장입금(가상계좌)으로 결제]를 터치합니다.

03 [무통장입금]을 터치합니다. '구매금액'과 '계좌번호'를 확인합니다. 문자 알림 서비스로도 확인 가능합니다.

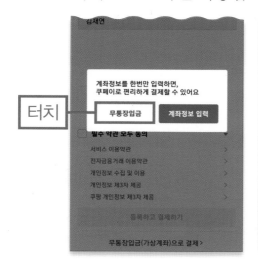

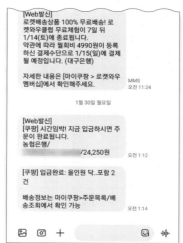

🖐 **조금 더 배우기**

쿠팡 문자 알림 서비스가 제공되지 않는다면 '알림 서비스'를 허용하지 않았기 때문입니다.

04 배송 조회를 하고 싶다면 쿠팡 홈 화면 아래 [마이쿠팡]을 터치합니다. [주문목록]을 터치한 후 [배송조회]를 터치합니다.

🖐 **조금 더 배우기**

결제가 완료된 화면이며, 입금이 되지 않았다면 '입금확인중'으로 나타납니다.

01 쿠팡 홈 화면 아래 [마이쿠팡]을 터치합니다. [로그인]을 터치한 다음 [회원가입]을 터치합니다.

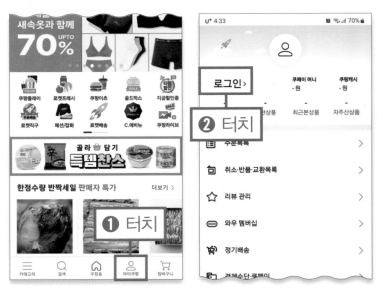

02 '이메일주소', '비밀번호', '이름', '연락처' 등을 입력하고 [필수] 사항만 터치하여 체크합니다. [동의하고 가입하기]를 터치합니다. '회원가입 완료' 안내 멘트가 나타납니다.

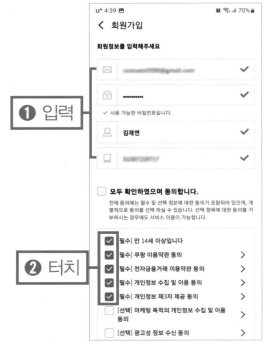

구글 번역 앱으로 번역하기

해외여행 시 스마트폰만 있다면 길을 잃어버리거나 대화가 안 되는 불편한 부분을 해결할 수 있습니다. 구글 번역 앱은 무료로 제공되는 100가지 이상의 다른 언어로 단어, 구문, 웹페이지를 즉시 번역하는 다언어 기계 번역 서비스입니다. 여기서는 구글 번역 앱을 배워봅니다.

▌완성 화면 미리 보기

▌여기서 배워요!

필요한 언어 다운로드하기, 텍스트 · 음성 · 사진으로 번역하기, 오프라인 번역하기

01 [Play 스토어] 앱을 실행한 다음 검색란에 '구글번역'을 입력하여 검색한 후 [설치]를 터치합니다. 설치가 완료되면 [열기]를 터치합니다.

02 구글 번역의 메인 화면에서 [프로필]()을 터치합니다. [다운로드한 언어]를 터치하면 사용 가능한 언어들이 나타납니다.

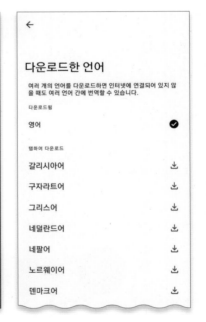

✍ **조금 더 배우기**

구글 번역의 기본 언어는 '영어'입니다. 따라서 '영어' 이외의 언어는 필요시 다운로드를 하여야 원활하게 이용할 수 있습니다.

03 '다운로드한 언어'에서 화면을 위로 드래그하여 [한국어]를 찾습니다. [한국어]–[다운로드]를 차례대로 터치합니다. [다운로드](⬇) 아이콘이 [삭제](🗑) 아이콘으로 변경되면 설치가 완료된 것입니다.

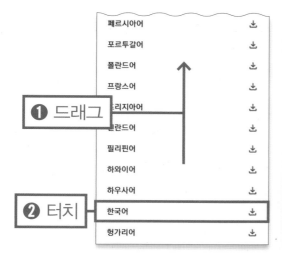
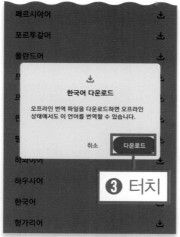

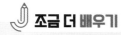

🅙 **조금 더 배우기**

다운로드한 언어란 '언어사전'입니다. 인터넷 없이 오프라인 번역도 가능합니다.

STEP 02 텍스트 입력하여 번역하기

01 영어 ↔ 한국어 의 [전환](↔)을 터치합니다. 번역하고 싶은 내용을 한국어로 입력하면 영어로 번역된 내용이 나타납니다. 영어로 번역된 내용을 터치합니다. [스피커](🔊)를 터치하면 번역된 언어를 음성으로 확인할 수 있습니다.

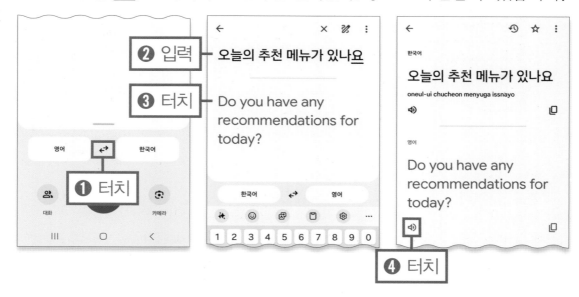

01 구글 번역 홈 화면에서 [카메라]( )를 터치합니다. 카메라로 번역할 문서에 따라 (영어 ↔ 한국어)에서 [전환]( )을 터치합니다. 번역할 문서를 카메라 화면에 담은 다음 [촬영]( ) 버튼을 터치합니다. [번역 홈으로 보내기]를 터치합니다.

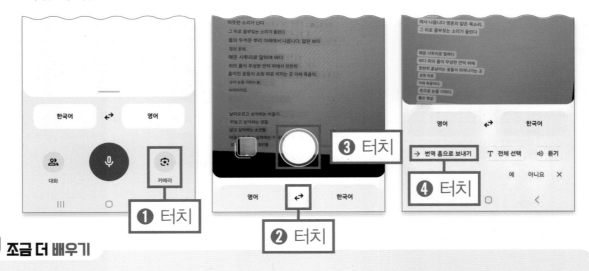

조금 더 배우기

구글렌즈와 연동이 되며, '사진 촬영 및 동영상 녹화'의 권한은 [앱 사용 중에만 허용]을 터치합니다.

02 화면을 드래그하여 원문과 번역된 내용을 확인합니다.

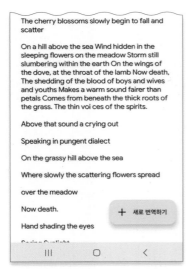
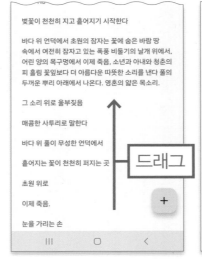
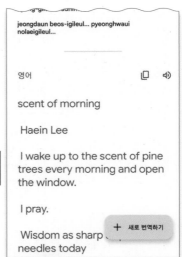

조금 더 배우기

문서를 카메라 화면에 담으면 촬영을 하지 않아도 실시간 번역이 됩니다.

마이크 음성으로 번역하기

01 구글 번역 홈 화면에서 [음성](🎤)을 터치합니다. '지금 말하세요.'가 나타나면 음성을 입력합니다. 음성으로 입력된 문장 아래에 번역된 내용을 확인합니다.

⚓ **조금 더 배우기**

번역 내용과 관련된 도움되는 내용들이 하단에 표시됩니다.

인터넷 없이 오프라인으로 번역하기

01 상태표시줄을 두 번 드래그한 후 [와이파이 켜짐](📶)을 [와이파이 꺼짐](📶)으로 바꿔 사용을 중지합니다. [모바일 데이터 켜짐](⬆️⬇️)을 터치한 후 '모바일 데이터 접속을 차단하시겠습니까?'에 [끄기]를 터치해 [모바일 데이터 꺼짐](⬆️⬇️)으로 바꿉니다. 구글 번역 홈 화면 언어를 (한국어 ↔ 체코어)로 설정한 다음 [음성](🎤)을 터치합니다. '오프라인으로 사용할 수 없는 기능입니다.' 메시지가 나타납니다. [카메라](📷)를 터치하여 번역할 내용을 화면에 담습니다.

🔖 조금 더 배우기

- 와이파이, 모바일 데이터가 연결되지 않은 상태에서 번역이 가능한 것을 오프라인 번역이라 합니다. 다운로드한 언어가 준비되어 있어야 합니다.
- 오프라인 번역은 텍스트와 카메라 번역만 사용 가능합니다. 언어에 따라 카메라 번역이 제한되기도 합니다.

02 아래쪽에 [번역 홈으로 보내기]를 터치한 다음 번역된 내용을 확인합니다. [더 보기](⋮)를 터치하면 [공유]도 가능합니다.

조금 더 배우기

해외여행 시 꼭 챙기세요!!

1. 여행할 나라의 언어를 미리 다운로드합니다.
2. 필요한 단어, 문장을 미리 번역하여 저장합니다.

CHAPTER

18

네이버 지도 앱으로
길 안내받기

POINT

네이버 지도 앱은 스마트폰의 위치기반 서비스를 이용합니다. 목적지까지 최적의 경로로 실시간으로 안내하는 편리한 지도 앱을 배워봅니다.

▌ 완성 화면 미리 보기

▌ 여기서 배워요!

네이버 지도로 목적지 검색하여 공유하기, 대중교통 이용하여 길찾기, 길 안내받기

목적지 검색하여 공유하기

01 [Play 스토어] 앱을 실행한 다음 검색란에 '네이버지도'를 입력하여 검색한 후 [설치]를 터치합니다. 설치가 완료되면 [열기]를 터치합니다.

02 '알림 수신 동의'에 [허용]을 터치한 다음 '위치 엑세스'에서 [앱 사용 중에만 허용]을 터치합니다. '광고 동의'에 [아니요]를 터치합니다.

03 '네이버 지도' 기본 화면이 나타납니다. 검색란을 터치한 후 '지명'을 입력합니다. 여기서는 '영진닷컴'을 입력했습니다. 지명을 입력하면 지명과 관련된 목록이 나열됩니다. 해당하는 지명을 터치하면 지도가 나타납니다. 지도 아래 검색된 지명을 터치합니다.

04 검색된 장소에 대한 정보를 확인한 후 지인에게 공유하기 위해 [공유]를 터치합니다. 여기서는 [나와의 채팅]을 선택하였습니다.

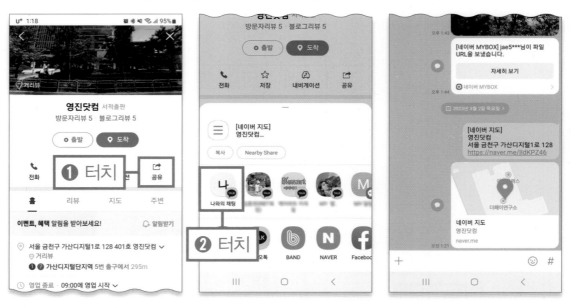

 **조금 더 배우기**

'카카오톡' 또는 '메시지'에서 공유할 대상을 선택합니다.

01 스마트폰의 [뒤로](<) 버튼을 천천히 두 번 터치합니다. 검색된 장소 화면이 나타나면 [출발]을 터치합니다. '도착지 입력'란을 터치하여 지명을 입력합니다. 여기서는 '서울역'을 입력하였습니다.

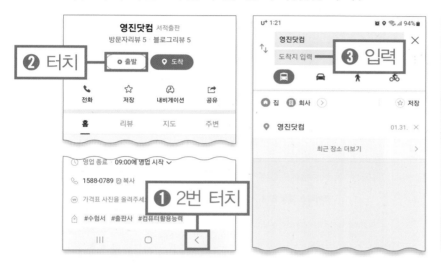

02 '출발지'에서 '도착지'까지의 [대중교통](🚇) 관련 검색 결과가 나타납니다. 최적 시간의 정보를 터치합니다. 도착지 경로 확인을 위해 도착지를 터치합니다. [미리보기]를 터치합니다.

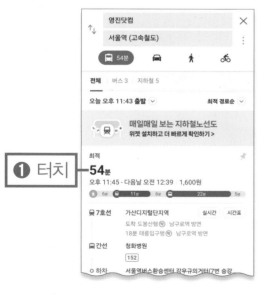

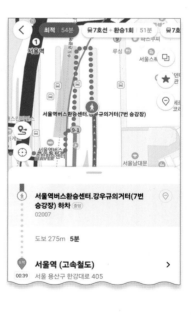

🎵 **조금 더 배우기**

'네이버 지도' 앱 사용자라면 마지막에 검색한 정보 '대중교통', '자동차', '도보', '자전거' 위주로 우선 나타납니다.

01 '경로 미리보기'를 통해 자세한 경로를 확인한 다음 [닫기] 버튼을 터치합니다. 상단 메뉴 [자동차](🚗)를 터치하면 '하이패스 설정 안내' 메시지가 나타납니다. [설정 끄기]를 터치한 후 이동 경로와 택시비를 확인합니다. 경로 안내를 받기 위해 [안내시작]을 터치합니다.

02 안내 멘트가 나옵니다. 오른쪽 아래 [메뉴](☰)를 터치하여 '내비게이션 안내 음량'을 조절합니다. [상세설정](⚙)을 터치하여 필요한 옵션들을 설정합니다. 스마트폰의 [뒤로](<)를 터치합니다. [안내 종료]를 터치합니다.

🪝 **조금 더 배우기**

네이버 지도 사용이 처음이라면 '전화를 걸고 관리하도록 허용하시겠습니까?' 메시지에 [허용]을 터치합니다. '다른 앱 위에 표시 권한' 허용에 [확인]을 터치합니다.

도보(자전거)를 이용하여 목적지 찾기 및 주변 둘러보기

01 네이버 지도 메인 화면에서 [길찾기](🔄)를 터치합니다. '출발지'와 '도착지'를 입력하여 [도보](🚶)를 검색한 후 [따라가기]를 터치합니다. 여기서는 '출발지'는 '63빌딩', '도착지'는 '여의도 한강공원'을 입력하였습니다. 오른쪽 출발지의 사진을 터치합니다.

02 출발지의 [거리뷰](📍), [항공뷰](✈️)로 장소를 확인할 수 있습니다. 왼쪽 위 [닫기](✕)를 터치합니다. 상단에 나타난 장소를 왼쪽으로 드래그하여 경로를 확인합니다.

📎 **조금 더 배우기**

뷰의 화살표를 터치하면 화살표 방향으로 진행합니다. 경로 주변을 미리 파악하는데 도움이 됩니다.

혼자서도 만들 수 있어요!

1 '네이버 지도'에서 'N서울타워'를 검색하여 거리뷰로 확인해 보세요.

hint '네이버 지도' 앱 검색란에 'N서울타워' 입력 후 [검색] → [거리뷰] 터치

2 [출발:수원역]에서 [도착:N서울타워]까지 길찾기를 하여 내비게이션 길 안내를 받아 보세요.

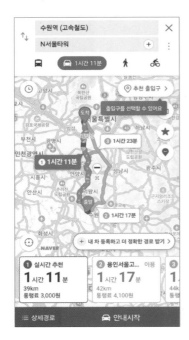 

hint [길찾기]( ) 터치 후 '출발지'와 '도착지' 입력 → [자동차]( ) 터치한 후 [안내시작] 터치

CHAPTER 19

배달의민족 앱으로 음식 주문하기

POINT

바쁜 일상생활에서 맛나는 요리들을 편리하게 주문할 수 있는 배달의민족 앱! 퇴근하는 시간에 맞춰 포장주문을, 집에서 카페의 디저트와 차를 주문할 수 있습니다. 배달의민족 앱의 사용법을 배워봅니다.

▌ 완성 화면 미리 보기

▌ 여기서 배워요!

배달의민족 앱 설치하기, 음식 주문하기

배달의민족 시작하기

01 [Play 스토어] 앱을 실행한 다음 검색란에 '배달의민족'을 입력하여 검색한 후 [설치]를 터치합니다. 설치가 완료되면 [열기]를 터치합니다.

02 '접근권한 허용' 메시지에 [확인]을 터치합니다. '알림 허용' 메시지에 [허용]을 터치하면 '약관 동의' 화면이 나타납니다.

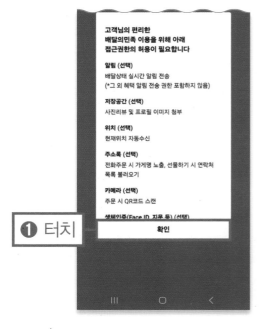
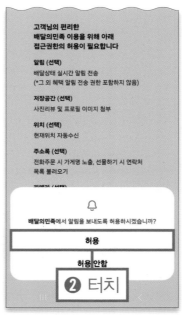

🌙 **조금 더 배우기**

'알림 허용'은 주문 완료 및 배달 관련 내용이 알림으로 나타납니다.

03 '약관 동의'에서 '필수' 항목에만 체크를 한 후 [시작하기]를 터치합니다. '마케팅 정보 앱 푸시 알림 거부 안내' 메시지에 [확인]을 터치합니다.

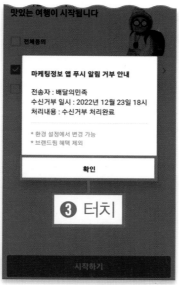

조금 더 배우기

배달의민족 앱에서 제공하는 광고, 마케팅 정보를 받고 싶다면 '마케팅 정보 앱 푸시 알림 수신 동의 (선택)'을 체크합니다.

04 주소를 입력하거나 [현재 위치로 찾기]를 터치한 다음 주소 상세 정보를 입력합니다. 배달의민족 홈 화면 왼쪽 위에 주소가 설정되었습니다.

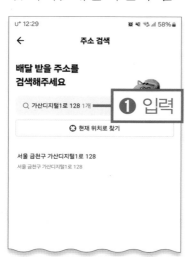

조금 더 배우기

'현재 위치로 찾기'는 지도로 나타납니다.

맛있는 음식 주문하기

01 홈 화면에서 [가게배달]을 터치한 다음 주문하고자 하는 카테고리(예:카페·
디저트)를 터치합니다. 주문할 가게를 터치합니다.

02 선택한 가게 화면을 위로 드래그하여 메뉴를 살펴봅니다. 메뉴를 선택한 다음
필요한 옵션들이 있다면 추가로 선택한 후 아래 [○○○원 담기]를 터치합니다.

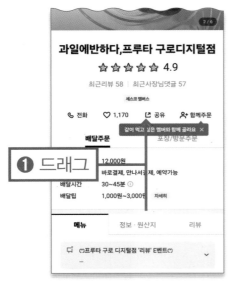

🖋 **조금 더 배우기**

'배달 최소 주문 금액'을 확인합니다.

03 다시 가게 홈 화면이 나타납니다. 아래 [장바구니 보기]를 터치한 다음 [배달 주문하기]를 터치합니다. [로그인하고 주문하기] 화면이 나타납니다.

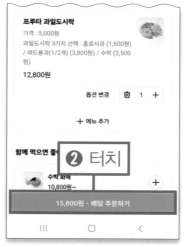

STEP 03 로그인하기

01 '회원가입' 화면에서 [카카오톡으로 계속하기]를 터치합니다. [필수] 항목만 선택한 후 [동의하고 계속하기]를 터치합니다. '이름'을 입력합니다.

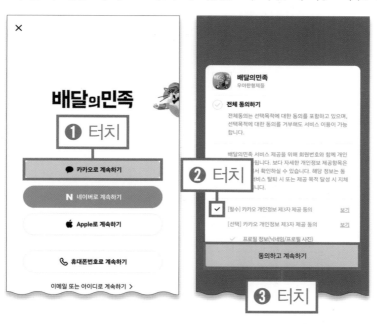
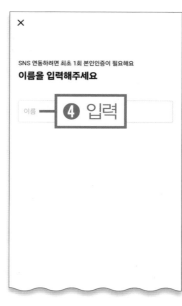

02 '주민등록번호', '이름'을 입력합니다. '휴대폰 번호'를 입력하고 [통신사]를 선택합니다.

03 입력한 정보를 확인한 후 [본인 인증하기]를 터치합니다. [전체 동의하고 인증번호 받기]를 터치합니다. '문자로 받은 인증번호를 입력해주세요' 메시지에 인증번호가 자동으로 등록되며 화면이 이동합니다.

조금 더 배우기

인증번호가 자동으로 입력되지 않는다면 받은 문자에서 인증번호를 복사하여 입력합니다.

결제(주문)하기

01 '약관 동의' 메시지에 [필수] 항목만 선택한 후 [다음]을 터치합니다. 사용할 닉네임을 입력하고 [가입 완료하기]를 터치합니다. '주문하기' 화면에 [ㅇㅇㅇ원 결제하기]를 터치한 후 화면을 위로 드래그하여 결제수단(예:휴대폰결제)을 터치합니다. [ㅇㅇㅇ원 결제하기]를 터치합니다.

🪝 **조금 더 배우기**

로그인(가입) 화면에 차이가 있을 수 있습니다.

02 '결제하기' 화면에서 핸드폰 정보를 입력합니다. 문자로 온 인증번호를 입력한 다음 [상기 결제 내역을 확인하였습니다.]에 체크합니다. [결제]를 터치합니다. 주문이 완료되었습니다.

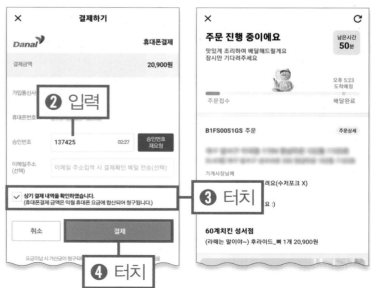

사용하면 유용한 앱들 알아보기

POINT

스마트폰에서 사용할 수 있는 좋은 앱들이 많습니다. 마지막으로 간단하면서도 재미나게 사용할 수 있는 유용한 앱들을 배워봅니다.

▎완성 화면 미리 보기

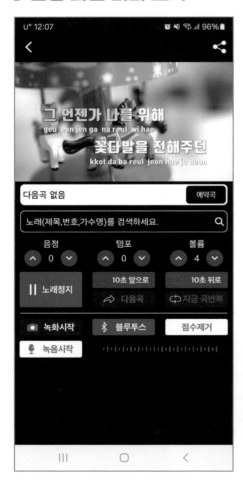

▎여기서 배워요!

노래방, Led, 여행 정보, 건강, 요리 관련 앱 사용

노래방 앱 사용하기

01 [Play 스토어] 앱을 실행한 다음 검색 란에 '방구석노래방'을 입력하여 검색한 후 [설치]를 터치합니다. 설치가 완료되면 [열기]를 터치합니다.

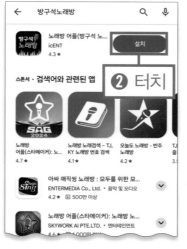
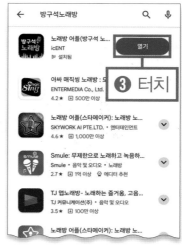

 조금 더 배우기

'앱 접근 권한 안내'가 나타나면 [확인]을 터치합니다. '액세스 허용 요청' 메시지가 나타나면 [앱 사용 중에만 허용]과 [허용]을 터치합니다.

02 [검색](Q)을 터치하여 가수나 노래 제목을 입력합니다. 검색된 노래에 [부르기]를 터치합니다. 음악의 템포, 음정, 볼륨 등을 조절하여 노래를 부릅니다.

 조금 더 배우기

노래 시작 전후 일반 광고 또는 동영상 광고가 나타나면 [닫기] 또는 (X)를 터치합니다. [녹화시작]은 동영상으로 저장되고 [녹음시작]은 목소리만 저장됩니다.

전광판 Led 앱 사용하기

01 [Play 스토어] 앱을 실행한 다음 검색 란에 '모두의 응원'을 입력하여 검색한 후 [설치]를 터치합니다. 설치가 완료되면 [열기]를 터치합니다. '접근 권한 안내' 메시지에 [확인]을 터치하고 '알림 허용' 메시지에 [허용]을 터치합니다. '팝업 창 허용' 메시지에 [확인]을 터치합니다.

02 '다른 앱 위에 표시' 화면이 나타나면 [모두의응원]의 (◯)를 터치합니다. [뒤로]([〈])를 터치합니다. '입력해주세요' 메시지를 터치한 후 텍스트(예:오늘도 화이팅!)를 입력합니다. [텍스트 속도], [텍스트 크기], [깜빡임 속도]를 선택합니다. [응원 효과]를 터치합니다.

📎 **조금 더 배우기**

미리보기 화면 아래는 광고이니 터치하지 않습니다.

03 [텍스트 색깔], [배경 컬러], [배경 효과]를 선택한 후 [시작하기]를 터치합니다.

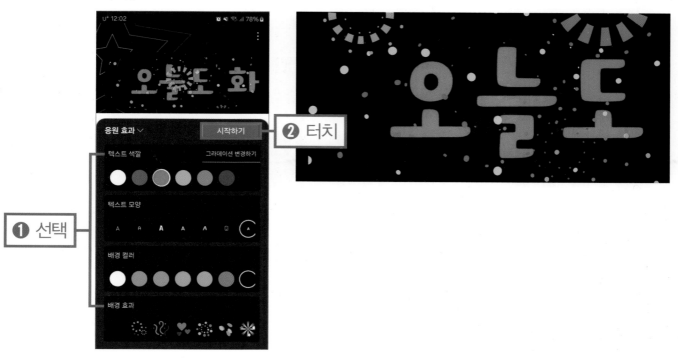

STEP 03 트리플 앱 사용하기

01 [Play 스토어] 앱을 실행한 다음 검색란에 '트리플'을 입력하여 검색한 후 [설치]를 터치합니다. 설치가 완료되면 [열기]를 터치합니다.

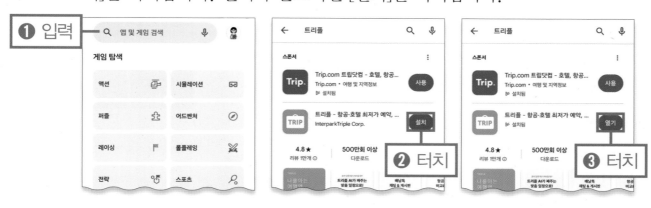

🖐 **조금 더 배우기**

'알림 허용' 메시지가 나타나면 [허용]을 터치합니다. 여행 관련 정보를 알려줍니다.

02 [시작하기]를 터치하여 '3초만에 시작하기'의 [카카오톡]을 터치합니다. [카카오톡으로 간편 로그인]을 터치합니다.

🥄 조금 더 배우기

'위치 액세스 허용' 메시지에서 [앱 사용 중에만 허용]을 터치합니다.

03 [확인]을 터치하여 '해외여행' 또는 '국내여행' 정보들을 둘러봅니다.

🥄 조금 더 배우기

항공권 및 숙소 등 바로 예약도 가능합니다.

만보기 앱 사용하기

01 [Play 스토어] 앱을 실행한 다음 검색 란에 '만보기'를 입력하여 검색한 후 [설치]를 터치합니다. 설치가 완료되면 [열기]를 터치합니다.

02 [시작]을 터치한 후 걸어봅니다. 걸음 수가 카운트된 것을 확인합니다.

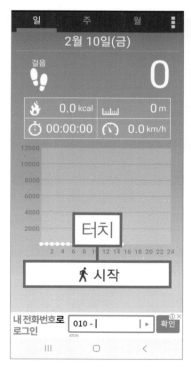

조금 더 배우기

'위치 설정', '활동 정보의 액세스 허용', '배터리 사용량 최적화 중지' 메시지에서 [허용]을 터치합니다.

만개의 레시피 앱 사용하기

01 [Play 스토어] 앱을 실행한 다음 검색란에 '만개의레시피'를 입력하여 검색한 후 [설치]를 터치합니다. 설치가 완료되면 [열기]를 터치합니다.

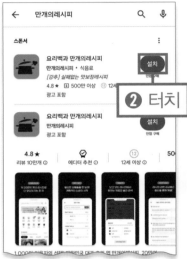

02 '간편하게 시작하세요'에 [나중에 할게요]를 터치합니다. 메뉴들을 둘러보고 [오늘 뭐먹지]를 터치하여 요리 정보를 살펴봅니다.

STEP 06 응급의료정보제공 앱 사용하기

01 [Play 스토어] 앱을 실행한 다음 검색란에 '응급의료정보제공'을 입력하여 검색한 후 [설치]를 터치합니다. 설치가 완료되면 [열기]를 터치합니다.

🖋 조금 더 배우기

'데이터 사용 알림' 메시지에서 [동의]를 터치합니다. [비동의] 시 정보가 검색되지 않습니다.

02 '응급진료체계 가동 알림' 화면에서 [확인]을 터치합니다. [장소, 주소 검색]을 터치하여 지명을 입력한 다음 [검색]을 터치합니다. 해당하는 지명을 터치합니다.

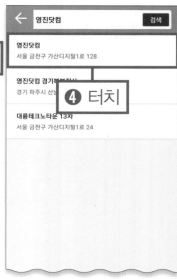

🖋 조금 더 배우기

'내 주변 응급의료정보 찾기' 화면에서 해당하는 메뉴를 바로 이용하여도 됩니다.

03 검색한 지명 주변의 [응급실] 정보를 확인합니다. [자동심장충격기]를 터치하여 지도에 표시된 정보를 확인한 다음 지도를 확대합니다. 자동심장충격기가 있는 장소를 터치하여 자세한 위치를 파악합니다.[이전](←)을 터치하여 앱 메인 화면으로 이동합니다.

04 왼쪽 위 [메뉴](☰)를 터치합니다. [심폐소생술]을 터치한 다음 [자동심장충격기(AED) 사용법]을 터치합니다. 사용법을 설명한 영상이 열립니다.

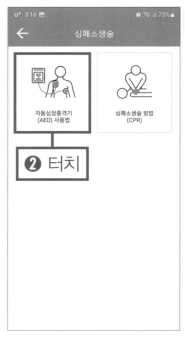

스마트폰
3nd Edition

1판 1쇄 발행 2025년 3월 4일

저　　자 | 김재연
발 행 인 | 김길수
발 행 처 | ㈜영진닷컴
주　　소 | (08512) 서울특별시 금천구 디지털로9길 32
　　　　　갑을그레이트밸리 B동 10F
등　　록 | 2007. 4. 27. 제16–4189호

ⓒ2025. ㈜영진닷컴

ISBN 978-89-314-7857-0

YoungJin.com Y.
영진닷컴